U0085813

世紀人物100

大愛行動家

范仲淹

姜子安 著

三民書局

獻給孩子們的禮物

主編的話

世界上最幸福的孩子，是他們一出生就有機會接近故事書，想想看，那些書中的人物，不論古今中外都來到了眼前，與他們相識，不僅分享了各個人物生活中的點滴，孩子們的想像力也隨著書中的故事情節飛翔。

不論世界如何演變，科技如何發達，孩子一世幸福的起源，仍然來自於父母的影響，如果每一個孩子都能從小在父母親的懷抱中，傾聽故事，共享閱讀之樂，長大後養成了閱讀習慣，這將是一生中享用不盡的財富。

三民書局的劉振強董事長，想必也是一位深信讀書是人生最大財富的人，在讀書人口往下滑落的多元化時代，他仍然堅信讀書的重要，近年來，更不計成本，連續出版了特別為孩子們策劃的兒童文學叢書，從「文學家」、「藝術家」、「音樂家」、「影響世界的人」系列到「童話小天地」、「第一次」系列，至今已出版了近百本，這僅是由筆者主編出版的部分叢書而已，若包括其他兒童詩集及套書，三民書局已出版不下千百種的兒童讀物。

劉董事長也時常感念著，在他困苦貧窮的青少年時期，是書使他堅強向上，在社會普遍困苦，而生活簡陋的年代，也是書成了他最好的良伴，他希望在他的有生之年，分享這份資產，讓下一代可以充分使用，讓親子共讀的親情，源遠流長。

「世紀人物 100」系列早就在他的關切中構思著，希望能出版

孩子們喜歡而且一生難忘的好書。近年來筆者放下一切寫作，接下這份主編重任，並結合海內外有心兒童文學的作者共同為下一代效力，正是感動於劉董事長致力文化大業的真誠之心，更欣喜許多志同道合的朋友，能與我一起為孩子們寫書。

「世紀人物 100」系列規劃出版一百位人物故事，中外各占五十人，包括了在歷史上有關文學、藝術、人文、政治與科學等各行各業有貢獻的人物故事，邀請國內外兒童文學領域專業的學者、作家同心協力編寫，費時多年，分梯次出版。在越來越多元化的世界中，每個人都有各自的才華與潛力，每個朝代也都有其可歌可泣的故事，但是在故事背後所具有的一個共同點，就是每個傳主在困苦中不屈不撓，令人難忘的經歷，這些經歷經由各作者用心博覽有關資料，再三推敲求證，再以文學之筆，寫出了有趣而感人的故事。

西諺有云：「世界因有各式各樣不同的人群，才更加多采多姿。」這套書就是以「人」的故事為主旨，不刻意美化傳主，以每一位傳主的生活經歷為主軸，深入描寫他們成長的環境、家庭教育與童年生活，深入探索是什麼因素造成了他們與眾不同？是什麼力量驅動了他們鍥而不捨的毅力？以日常生活中的小故事，來描繪出這些人物，為什麼能使夢想成真。為了引起小讀者的興趣，特別著重在各傳主的童年生活描述，希望能引起共鳴。尤其在閱讀這些作品時，能於心領神會中得到靈感。

和一般從外文翻譯出來的偉人傳記所不同的

是，此套書的特色是，由熟悉兒童文學又關心教育的作者用心收集資料，用有趣的故事，融入知識，並以文學之筆，深入淺出寫出適合小朋友與大朋友閱讀的人物傳記。在探討每位人物的內在心理因素之餘，也希望讀者從閱讀中，能激勵出個人內在的潛力和夢想。我相信每個孩子在年少時都會發呆做夢，在他們發呆和做夢的同時，書是他們最私密的好友，在閱讀中，沒有批判和譏諷，卻可隨書中的主人翁，海闊天空一起遨遊，或狂想或計畫，而成為心靈知交，不僅留下年少時，從閱讀中得到的神交良伴（一個回憶），如果能兩代共讀，讀後一起討論，綿綿相傳，留下共同回憶，何嘗不是一幅幸福的親子圖？

2006 年，我們升格成為祖字輩，有一位朋友提了滿滿兩袋的童書相送，一袋給新科父母，一袋給我們。老友是美國國家科學院院士，曾擔任過全美閱讀評估諮議委員，也是一位慈愛的好爺爺，深信閱讀對人生的重要。他很感性的說：「不要以為娃娃聽不懂故事，我的孫兒們一出生就聽我們唸故事書，長大後不僅愛讀書而且想像力豐富，尤其是文字表達能力特別強。」我完全同意，並欣然接受那兩袋最珍貴的禮物。

因為我們同樣都是愛讀書、也深得讀書之樂的人。

謹以此套「世紀人物 100」叢書送給所有愛讀書的孩子和家庭，以及我們的孫兒——石開文，他們都是世界上最幸福的孩子，因為從小有書為伴，與愛同行。

　　范仲淹在我國歷史上，是一個非常特殊的偉人，他在「文官武用，武官文用」的北宋，實行的慶曆新政雖然如曇花一現，卻名傳千古，他不但是個政治家，也是個軍事家，更是個偉大的文學家。〈岳陽樓記〉裡那句「先天下之憂而憂，後天下之樂而樂」的無私情懷，更令萬世景仰，尤其是他創設的「義田制度」還流傳到近代才結束，造福無數後代。現代社會有些事業經營者甚至提倡研究范仲淹，希望從他的生平事蹟中汲取經營的哲學養分呢！

　　這一本《大愛行動家：范仲淹》是採用多重敘述的方法編寫，三分之一的篇幅是范仲淹的第一人稱自述，三分之二的篇幅則是由范仲淹仲周遭的重要人物來敘述故事。裡頭有他的親人（母親、妻子、兒子）、好友（同學、同事），當然也有他的敵人，這樣書寫的目的，除了希望增加讀者的閱讀趣味之外，更希望讀者能夠從不同的角度去認識范仲淹。親人、朋友的敘述當然是對他讚譽有加，而他的死對頭呂夷簡、王磊、夏竦、元昊等人呢？站在一個敵人的立場，他們是怎麼樣去看待范仲淹的？最特殊的人是宋仁宗，他十萬火急把范仲淹從邊關召回，主持新政改革，才一年工夫，遇到

阻力便虎頭蛇尾草草結束，他對范仲淹那種又愛又敬又怕的曖昧態度，其實是人性共通弱點的呈現。

為了讓讀者方便閱讀，對故事中的各個敘述者作了下列的簡要敘述，希望對於有緣拿起這本書的人，能夠有所幫助。

寫書的人

姜子安

一個喜歡和貓咪說悄悄話，喜愛看植物慢慢長大，樂於欣賞兒童笑顏的筆耕者。目前居住在高雄小港，常年享受著陽光的召喚。

謝　氏　我是范仲淹的母親，在他很小的時候，他的爸爸范鏞就因病過世，由於范鏞是個清官，他身後沒有留下任何錢財給我們母子，甚至他的後事都是靠著好朋友的幫助才辦完的。想不到，范仲淹的個性也和他老爸一個樣兒。

范仲淹　我小時候是跟著繼父的姓，叫做朱說，後來考中進士當官以後才恢復本姓，取名叫做范仲淹，因為我從朝廷得到的第一個重任，就是治水工程。我這輩子活得很辛苦，但是很值得，關於我的故事，就請看這本書裡的許多人說的往事。

李　氏　我是范仲淹的太太，嫁給范仲淹之後，我每天提心吊膽，他個性耿直，會不會又得罪了皇上，得罪了朝中權貴，惹來滅門之禍？至於貶官嘛，家常便飯啦！

劉子杭　我是范仲淹在南都學舍的同學，我們兩個情同手足，又彼此勉勵要為朝廷盡忠做事，卻總是遇到一些小人作梗，真是有志難伸。

戚同文　我是南都學舍的老師，作育英才是我的職責，我最高興的是，此生有幸收到像范仲淹這種學生，勤學耿直又盡忠職守，一句「先天下之憂而憂，後天下之樂而樂」名垂千古，連我這個授業的老師也沾光了，真是師以生為榮。

王　磊　我是范仲淹初次當官時的上司，遇到像范仲淹這種牛脾氣的清官，真是我一輩子的不幸，幸好我在朝廷中有個恩師呂夷簡，對我多加愛護，要不，可就吾命休矣。

呂夷簡　雖然貴為一人之下，萬人之上的宰相，但我也是有許多煩惱的，尤其是那個范仲淹，簡直就是我的眼中釘、肉中刺。沒有把范仲淹除去，我的日子豈能安享？

晏　殊　雖然我只比范仲淹大了幾歲，但是，因為他入朝為官是我推薦的，所以他稱我為恩師，自稱是門生，讓我覺得有點兒不好意思。提起范仲淹這個門生，我是既得意，又擔心……

歐陽脩　我和范仲淹同朝為官，志同道合，對他的忠肝義膽、文武雙全，真是佩服得五體投地，每回我只要填了新詞，一定派人送給他過目，他對我的詩詞也是多所指教，對於這個好朋友，我所能做的最後一件事，就是為他寫了個碑文。

范純仁　我是范仲淹的次子，從小看著父親在朝為官，鞠躬盡瘁，對窮苦人家樂善好施。我非常驕傲自己有這麼一個偉大的父親。我長大後也跟著父親的腳步，考上進士，為國盡忠，成為佐政的宰相。父親節儉助人的仁愛之心，是我一生學習的典範。

仁宗皇帝　說起這個范仲淹，真叫我又愛又恨，他的忠貞、謀略、膽識……怎麼看，都是朝廷的傑出人材，所以我才會找他來推行新政。可是，大宋王朝積弊已深，大家都貪圖眼前的爵祿，而我又沒范仲淹那種萬夫莫敵的勇氣，只好犧牲他來保住我的王位。把年老的范仲淹東貶西調真不是我的本意，可是若不如此，要如何表現出貴為一朝之君的權力呢？說真的，范仲淹死於赴任安徽潁州知州的旅途中，我比誰都傷痛。

劉太后 自真宗皇帝崩，仁宗登基，我就一直垂簾聽政，滿朝文武大官莫不視我如女皇，只有那個不知好歹的范仲淹，竟然敢開口要我還政給仁宗，真是氣死我了。

元　昊 我是西夏的建國君主，眼見趙宋每年送大筆銀子、禮物給契丹，以換取暫時的平安假象，我就分外眼紅。我帶著大軍南侵，一路勢如破竹，沒想到卻在延州遇到了小范老子，害我壯志難成，抑鬱以終，不能入主中原，真是千古遺憾。

富　弼 我是晏殊的學生，也是他的女婿，這一切當然得感謝范仲淹的賞識提拔，我這輩子最得意的事就是和范仲淹一起主持新政，雖然遇到小人阻撓，壯志未酬，但是，我和范仲淹卻有著革命情感。

夏　竦 我是宋仁宗時代的樞密使。哈！哈！如果不是我略施小計，讓范仲淹和富弼推行的新政失敗，許多大官的官位都不保了，中國的歷史可能就要改寫囉！

滕子京 我和范仲淹可算是同學，因為我們是同一年考上進士為官，也曾同時戍守在西北邊關。我在岳州知州任內重修了岳陽樓，並向范仲淹求得〈岳陽樓記〉一文，刻在岳陽樓上，成為千古絕唱。

旅店老闆 我是蘇州吳縣人，自幼無父無母，幸得范仲淹義田的幫助，才能夠長大成人，成家立業。

大愛行動家

范仲淹

 目次

世紀人物 100

范仲淹

989～1052

楔 子

　　五月的徐州，寒冬的腳步已經遠離，陽光又再次笑盈盈的照耀著大地。原野上，到處都是油嫩碧綠的新芽，透露著宇宙萬物生生不息的奧祕。

　　人們的身體也自厚重的皮襖裡掙出，展現萬物之靈特有的機智靈動。市街上、農舍裡、田野間……處處是流動穿梭的人影。大地又恢復了盎然生機。

　　日落時分，城裡的一家旅館傳出號啕大哭的聲音。旅店老闆聞聲奔進房裡，只看到床上躺著一個閉目老人，滿頭白髮，一臉風霜，地上、床上到處都是老人咳出的血。

　　「爹——爹——」一群年輕人跪在床邊傷心的叫喚，卻喚不回已然逝去的生命。

　　「范大人——」旅館老闆情不自禁雙膝一彎，跪跌在地，也和逝者子孫一樣哭得滿臉涕淚，哽咽說著：「我是來自蘇州吳縣的范德用，受您義田的資助培育，才能有今日的生活，沒想到今天第一次見面，還來不及向您道聲謝，您就撒手人寰了。范大人啊！您走得太急太快了！」

　　在一室號哭聲中，范仲淹的魂魄慢慢飄離身軀，一寸寸往上騰升，升到屋頂的橫梁邊，他俯身下看，那個自己用了六十四年的軀殼，是如此憔悴，如此滄桑，而滿室傷心落淚的子孫，更是令人不捨。可是，身旁兩個仙童不斷催促：「范仲淹，你離開的時間到了，咱們快走吧！」

　　范仲淹眨眼一看，眼前一片光明燦亮，他看到了許多已逝的故人，有生母謝氏、繼父朱文翰、妻子李氏……，他們正對著

范仲淹微笑招手，范仲淹歡喜奔上前去，耳畔卻傳來兒子媳婦們的呼喚聲：「爹——您別走！」

范仲淹停下腳步，回頭眨眼一看，世間的親朋好友、尚未施展的救國抱負，許多的塵間往事一一襲上心頭，教他捨不得離去，短暫的一生，又重現眼前……

1 　　　謝　氏

　　那一年，江南到處鬧水災，河堤崩裂，湖水四處漫延，許多老百姓流離失所。

　　我的丈夫范鏞去世之後，我只好帶著兒子來到北地，再嫁朱家。

　　兒子取名為朱說，相公期望他長大成人之後，能夠像孔夫子一樣，做一個有學問的老師，周遊各地講學，靠著說話就能賺錢。

　　說兒從小極好學，成天在書堆中玩耍，在他牙牙學語的時期，就會跟著繼父背誦古詩文和典故。

　　轉眼間，說兒已經到了該上學的年紀，他看到左鄰右舍的玩伴都上學去了，十分羨慕，於是不斷吵著要去上學。但是，相公

長年帶病，家中的值錢東西都已一一變賣，連三餐都有斷炊的危機，哪來多餘的錢供說兒上學堂呢？

說兒很懂事，吵了我幾次之後，知道家中經濟無法負擔自己上學的費用，也就不再吵了。但是，他並不放棄上學的決心，於是，他跟在鄰居小孩的背後來到私塾，站在窗外聽著屋內老師講課。

日子久了，私塾老師被他這種好學的精神感動，發現堂外站著旁聽的說兒上起課來，比堂內的正式學生還認真。幾次對談考問，說兒均能對答如流，頗有個人的自創見解，於是，他破例讓說兒進入學堂隨班就讀。

說兒天資聰慧，再加上比別人努力，他的學業表現在同學輩中相當突出，漸漸的，私塾老師上課講解的內容也無法讓他滿足

了。但是，在鄉下地方又哪能找到學識更高深的老師呢？

日子匆匆而過，說兒已經長大了。

他的自愛上進，讓我們夫妻深感欣慰，但在此同時我們心頭也有一個隱憂，即相公前妻所留下來的兒子朱潛自幼好吃懶做，長大了也不愛讀書，鎮日遊手好閒，與一些不三不四的朋友鬼混，還不時偷取家中的器物變賣，以供喝酒交朋友所需。相公屢罵不改，內心真是傷痛極了。

而我身為一個後母，對朱潛這個非親生子的管教，真是百般為難，怕干涉多了被鄰里多事之人說閒話；不管他嘛，眼看這個家就要被他給敗光了。真是後母難為呀！

說兒見我們夫妻倆為弟弟朱潛而憂心，十分難過，有時也幫著勸告，但是言者諄諄，聽者藐

貌，朱潛從來也不把說兒的話放在心上。有一次，朱潛又和朋友在酒店喝得醉醺醺，大家一起呼喊狂笑的走出店外，這時，剛巧說兒迎面碰上了。他見自己弟弟醜態畢露的樣子，一時氣不過，便指責他：「阿弟，你已經長大了，怎麼還如此不知自愛？這種愛喝酒鬧事的習慣再不改，以後哪來本事養家活口？」

朱潛惱羞成怒，對說兒回罵：「你這個拖油瓶少管閒事，大爺喝酒花的是我們朱家的錢，關你這個外人什麼事？」

朱潛說著，整個人就撲到說兒的胸前，兩手扯著他的衣襟，作勢要和他打一架。幸得周遭圍觀的眾人拉開，兩兄弟才沒有在眾目睽睽之下打起來。

說兒雖然是個讀書人，但是他每日在讀書之餘，仍不忘練武健身，比起只知吃喝玩樂的朱潛

來，簡直就像猛虎面對三腳貓，兩兄弟若是真的打起來，他也未必打不過渾身肥肉的朱潛。但是，一起長大的弟弟，竟然聽不下自己的勸，還當眾和自己翻臉，真是令說兒難過極了。他回到家後，想到自己身體裡流的不是朱家人的血液，即使相公一向待他如親生兒子，但他骨子裡到底還是范家的後代。這個生活了二十幾年的家，屬於朱潛並不屬於他。於是，他動了離家的念頭，並且暗下決定，有朝一日自己功成名就的時候，一定要認祖歸宗，光耀范家門楣。

知道孩子有這種志向我很高興，但是，看到他在家中痛苦的模樣，我心裡卻不時在反問自己，當年再嫁是對？是錯？

2 朱說

好不容易說服父母，讓他們答應我到長白山醴泉寺自修讀書。

我幫寺裡的師父打掃庭院，換取住宿，和一點點的米糧。

為了儉省米糧，和省下時間來讀書，我每天用小米熬成稀飯，等稀飯涼了之後，再把它分成四碗，只吃早晚兩餐，每餐喝兩碗稀飯再配些醃菜。天冷的時候，稀飯凍成了白色的冰塊，咬著冰稀飯和酸醃菜，我的精神特別好，讀起書來覺得樂趣無窮。白天除了掃地、讀書、練武健身之外，我也把握夜間的時光，挑燈夜戰，經常讀到東方天空出現魚肚白才上床。我知道自己的年紀已經不小了，沒有再蹉跎下去的本錢。

　　有一天，我背誦完預定進度的書課，覺得十分疲累，整個頭像被塞得滿滿的，於是離開自己的房間，到外頭散步。走著，走著，當我走到大殿後頭的廂房時，忽然聽到一陣悠揚的琴聲傳來，那琴聲清脆悅耳，好像潺潺的山澗在耳邊流動，令人感到清涼無比，腦袋一下子就清醒了。

　　我的腳步被琴聲吸引，不知不覺往廂房的窗戶靠過去，仔細聆賞美妙的琴聲。

　　原來，正在房間裡頭操練古琴的是寺裡的住持師父。師父彈完一首又換了一曲，我聽著聽著彷彿感到一陣陣的春風吹來，吹開了滿山遍野的花朵，空中洋溢著芳香的氣味，令人不禁神魂陶醉。過了一會兒，又換了一首曲子，琴聲轉急，我好像看到千軍萬馬往前奔騰，將軍戰士，殺聲震天。

　　我的內心十分激動，想不到美好的音樂竟然和文字詩書一樣，能夠撼動人心。我決定求住持師父教我古琴。於是，等琴音停止，我勇敢跨進房裡。

　　「小施主，有事嗎？」

　　「小徒自幼家裡貧困，並未曾學過琴藝。只是聽到大師的琴聲，就不由自主的被吸引了，即使想回房溫書，但是腳卻不聽使喚。」我說出自己的心底話。

　　師父聽了，心裡大樂，又問：「你有興趣學琴？」

　　「有。懇請師父收我為徒。」

　　「這簡單，我教你就是了。不過，目前寺裡缺個人手打水劈柴，你可願意打工抵學費？」

　　這真是天外飛來的好消息，我大喜過望，立刻下跪行禮，拜住持師父學操琴。

　　從此以後，我每天讀完書，便準時到住持師父的房間學琴。

師父傾囊教授琴藝之外，有時也教我些拳腳功夫。師父對我訓勉說：「無論是讀書、練武，或彈琴，都要下定決心苦練才能有進步，只要能夠持之以恆，必然能夠成功。切記！切記！」

我在醴泉寺的日子過得十分充實，既要背誦詩書古經，又要習武健身，還要練琴吟詠，分分秒秒都不能浪費，因此也就沒有精神顧及肚皮的挨餓感受了。

三年之後，我已能彈出悠揚動聽的琴曲了。不僅我自己很有成就感，住持師父心裡也感到十分欣慰。

這天下午，我準時前往練琴，卻等不到師父出現。一個小和尚拿了一封信給我說：「住持說你的琴藝和武藝有成，他已經沒有東西可以教你了。你再待在這裡也是浪費時間，不如到應天府的南都學舍拜戚同文為師，好好

鑽研學問，以後才有能力報效國家。這是住持寫的介紹信，你拿去給戚同文，他會收你為學生的。」

　　事出突然，我頓時腦袋一陣轟然，伸手接過信，彷彿看到住持師父，我忍不住對著信說：「師父，我絕不會忘記您的教誨與恩情。」

3　謝　氏

一個大雪紛飛的日子，我最害怕的事終於發生了。

說兒從醴泉寺回來，告訴我，他漸漸感到醴泉寺這個環境雖然適合讀書，但是，能夠交遊論藝、互相切磋琢磨的志同道合之士太少，對於提升他經世濟民的能力毫無幫助，他決定到更遠更開闊的地方去求學。

「住持師父介紹江南應天府附近的一個『南都學舍』，裡頭不但有名師戚同文教課，學子都十分認真優秀，談書論藝的學風鼎盛，我心裡十分嚮往，母親，讓我前往研讀好嗎？」

我知道這孩子一方面是積極進取，一方面也是受到朱潛的刺激，才會急著離開家鄉，看著他堅定的臉龐，雖然不捨他遠離，

但也只得答應。

　　過了兩天，說兒顧不得風雪交加的天氣，提著簡單的行李，冒著風雪就上路了。

　　想到二十幾年前，我帶著剛會走路的說兒，避洪荒由江南逃到北地，想不到，如今兒子長大了，終歸還是要回到他出生的南方。我依依不捨的送他到村子口，強忍著眼眶中的淚水不敢讓它流出來，怕增添他內心的不安惆悵。一想到我們母子這一別，不知要到何年何月才能重逢？我的心就像地上的冰雪般，涼到了底。冰天雪地裡，說兒一步步遠離，他的影子一點點縮小、縮小，最後變成一個黑點消失在地平線的盡頭。我的眼眶一陣溼熱，強忍許久的淚終究流了下來……

4 朱說

　　辭別了母親和父親，我一路往南走，曉行夜宿，靠著母親為我準備的一點乾糧和水，歷經千辛萬苦，終於來到了應天府的南都學舍。

　　學舍周遭群樹環繞，一條小溪緩緩流過，它清幽適合讀書的環境，和醴泉寺極為相似。我一看到南都學舍的外觀心裡就十分歡喜，馬上愛上了這個地方，想到自己以後也可以成為學舍中的一員，心裡一下子就充滿了驕傲。

　　大門前的兩尊石獅子，睜著圓眼雄赳赳氣昂昂，前腿伸直，後腿雖然彎曲而坐，但是臀部略抬離石座，即將凌空飛去的神態，真是威風傳神。我伸手撫摸著石獅子，一時之間，胸中升起

「有為者亦若是」的壯志豪情，我下定決心，自己既然千辛萬苦來到南都學舍，一定要用功求學做學問，將來出人頭地，就像眼前這兩尊石獅子一樣凌空高飛。

對看門的僕人說明自己的來意後，我便被僕人領著進了大門。一路走，我一路欣賞學舍的景色，只見沿途花籬裁剪工整，小徑不見半點落葉，園裡也沒有雜草，樹下的大石亦無青苔，真是潔淨有致，可見學舍主人辦學的用心。

僕人領著我直接來到「勤月堂」門口，只見堂內學生一個個搖頭晃腦誦讀經書，一個滿頭白髮的瘦削老人正坐在側前方批閱學生的文章。我想，坐在前面的老人一定就是自己仰慕已久的戚同文老師，我迫不及待的走到老人面前跪下，說：「戚老師，請受弟子朱說一拜。」

　　白髮老人果然是戚同文，他正專心批改著作業，聽到我的聲音抬起頭來，慈祥的問：「你從哪裡來的？到南都學舍有何貴幹？」

　　戚同文老師雖然外形瘦削，但是身子硬朗，眼睛炯炯有神，說起話來尤其中氣十足。我把自己的身世詳細介紹，末了，還拿出醴泉寺住持師父的介紹信，並說出自己想投身戚老師門下求學的意願。

　　戚老師向來喜歡教人讀書做學問，看了住持師父的信，當場答應收我為學生，馬上下令僕人為我安排食宿住下。從此，我正式成為南都學舍的一員學子。

5 劉子杭

　　我的父親是應天府知府，能成為南都學舍戚同文老師的入門弟子，真是三生有幸。尤其幸運的是，我遇到了一個好同學朱說，他做人耿直謙虛，求學認真，是我學習的典範。

　　朱說的年紀比起我們這些同窗大了一些，所以比我們更加珍惜時間，努力讀書。他在同學談論經書時，常發表獨特高明的見解，令我對他十分仰慕敬重。只要我有不明白的地方，一定向他求教，他也從不吝於把自己讀書研究的心得和我分享。久而久之，我們就成為無話不談的好朋友。

　　有一天早上，大家背誦完功課之後回到宿舍吃早餐。我吃著飯時突然想到一個問題，想要請

教朱說，可是在人群中沒有看到他的蹤影，這時我才想起，我們兩人感情雖好，可是卻從來不曾一起吃過飯。我突然興起一個念頭，邀朱說一起吃飯，於是我放下碗筷四處尋找朱說，終於在勤月堂找到他，他竟然還捧著書在背誦。

　　看到他搖頭晃腦的背書神情，真是又好氣又好笑，我忍不住一個箭步上前，拍他的肩一下，說：「你這書呆子，現在還在背什麼書？肚子餓了吃書就會飽嗎？」

　　朱說知道我是和他開玩笑，也不和我計較，回過頭又繼續背書。

　　「吃飯吧！我有問題要請教你，咱們邊吃邊聊。」我邊說邊拖著他踏出勤月堂。

　　我們回到廚房時，吃飯的同學都已經吃飽離去了。朱說走到

自己鍋前，掀開鍋蓋，取出鍋裡的一小碗稀飯，坐下來安靜的吃著。我看了，心裡暗叫一聲：「我的媽呀！」原來，朱說只吃冷稀飯過日子，難怪他從來不和大家一起吃飯。

「咱們一起吃吧！」我把自己的飯菜端過去和他一道分享，但朱說堅持只吃自己碗裡的稀飯，勸了他幾次，他都不肯夾我的菜，忍不住，我夾菜到他碗裡，他也只是低頭扒稀飯，整碗稀飯扒光了，我夾去的菜依然在碗裡，尷尬得讓我說不出話來，而朱說卻抬頭挺胸一邊吃飯一邊問：「你不是有問題要和我討論嗎？快說出來，吃完飯我還要繼續背書呢！」

我早忘了原先想要請教朱說的問題了，只好隨口說：「不急，不急，等吃完飯再談。」我心裡在擔憂，朱說每天只吃白稀飯營養

哪夠？

　　有一天，我回應天府去探望父母，帶回來雞鴨魚肉和許多好菜，決定與朱說共享。

　　當我來到朱說房間時，看到朱說背對著房門來回踱步，他手裡拿著《論語》，正津津有味的吟誦著「學而不思則罔，思而不學則殆」，完全沒有發現我的到來。

　　「朱兄，今天家裡作拜拜，我帶了些菜來與你分享。」

　　朱說張開口想婉拒，我趕緊對他作了手勢，叫他有話待會兒再說。等我把菜一一擺放在桌上，再把筷子遞給朱說，但朱說並沒有伸手接過筷子。只是說：「我還不餓，你自己先吃吧！」

　　我突然覺得自己好像用熱臉去貼別人的冷屁股，心裡十分不受用，不由得湧起一股怒氣：「這是我們家拜神的飯菜，你嫌它不

好吃？還是覺得不新鮮？」

「愚兄不敢。賢弟你別誤會。」朱說趕忙接過筷子，卻仍是坐得直挺挺，沒有夾菜吃飯的動作。

這個朱說人窮志不窮，一定是不喜歡人家看到他的饑餓吃相，我只好牽就他：「朱兄，你慢慢吃吧！如果合胃口的話我下次再帶來與你分享。」我說完話就走了。

過了幾天，我回家帶了些燉肉來到學舍，興高采烈的提著食籃進了朱說的房間。朱說仍然是坐在書桌前讀書。

「朱兄，上回我帶來的肉吃得還習慣嗎？」

「好吃！好吃！」朱說仍舊讀書，頭抬也未抬。

我早已習慣朱說這種書呆子的個性，也不和他計較，把食籃放在椅子上，從裡頭拿出燉肉，

放到桌上，「今天我回家去，帶了些燉肉來與你一起分享——」

我的話還沒說完，卻看到桌上一角放著上回自己帶來給他吃的雞鴨魚肉，一盤不少，動也未動，而且，盤裡的菜都已腐爛發臭了，雞肉上面還長了一層黴菌，看起來真是噁心極了。

我心裡生氣，伸手一拂，把桌上的舊菜新菜一股腦兒全都拂落地板，盤碎菜散。我氣極了大罵：「難道你以為我們是小氣人家，今天吃了我們家的飯菜，改天會欠我們家人情嗎？」

朱說瞪大眼睛望著我，好像我是外星人，說出來的話讓他既震驚又聽不懂。時間停頓了，一切都停頓了，可是我的心卻怦怦跳個不停。

過了許久，朱說才緩緩吐口氣，輕聲說：「劉賢弟，你誤會了。你們一家人向來待我和善，

我怎會把你們想成勢利小人呢？只是我平日粗茶淡飯，過慣了清貧的生活，如果吃了美食，以後怎麼還能過簡樸的生活呢？人如果只注重口腹之慾，連自己的嘴巴都管不住，以後又怎能成就大事呢？所以，我幾番考慮，還是沒有吃下這些美食。辜負了賢弟的美意，還請賢弟多原諒。」

朱說誠懇的語氣讓我聽了自覺難堪，和沉穩的他比起來，我實在是太意氣用事了。我忍不住上前握住他的手，激動的說：「朱兄，你真是一個有遠見的讀書人，以後一定是為國為家盡忠職守的好人才，我真不該用一般世俗的標準去看待你，更不該對你發脾氣，請原諒我。」

朱說也激動的抱著我的肩膀說：「我這個臭脾氣總是改不了，賢弟寬宏大量不和我計較，我高興都來不及了，哪談得上原諒不

原諒你呢？」

　　對於朱說，我打從心眼裡敬
重。

6

朱　說

　　天大的好消息！萬歲爺要到亳州祭神祈雨，會路過應天府。戚老師答應大家的請求，在萬歲爺路過那日放假一天，方便大家去看他一面。

　　看萬歲爺的日子終於到了。前一天大家早早就睡，準備天一亮就衝下山去迎接聖駕。今日事今日畢，雖然看萬歲爺重要，但是，我仍堅持自己要在就寢前完成當天的功課，結果，我還是像平日一樣讀到更夫敲了三更才上床。

　　第二天清晨，窗外雞聲初啼，我就起床了，如往常般，我走到井邊打了一桶冰涼的清水盥洗，然後拾起書本繼續用功。今天讀的是《荀子·勸學》篇，我很佩服荀子對於人性的精闢見

31

解，讀了〈勸學〉篇之後，我更加下定決心要發憤圖強，力求上進。

「積土成山，風雨興焉；積水成淵，蛟龍生焉……」我正陶醉在荀子精妙的學說之中，書本突然被人由後頭抽去。

「我說朱兄呀！同學們都下山去占位子了，你再積水成淵下去，蛟龍就要飛天了。咱們快下山去吧！晚了就搶不到好位子看萬歲爺了。」原來是劉子杭賢弟來找我了。

我一把又搶回劉賢弟手中的書。

「不忙！我《荀子·勸學》篇還背得不夠熟。」我說著，再度埋首書卷。

劉子杭心裡很急，又伸手搶去我的書，說：「《荀子》每天都可以背，今天沒背完明天還可以背，萬歲爺可是多少人一生難見

一回。錯過了這次機會，恐怕永遠都看不到天子了。」

「書沒讀好，看到萬歲爺又有什麼用？書讀好了，以後要見他的機會多得是。」我又伸手搶回自己的書，坐下來繼續背誦。

劉子杭知道再說也無用，只好妥協，「那我到門外等你好了，你趕快背，背完咱們一道下山。」說著，劉子杭退出了我的房間。

不知過了多久，我終於把《荀子·勸學》篇背得滾瓜爛熟，心中受到荀子思想的啟迪，湧起一陣陣像海潮般澎湃的想法，非得立刻提筆寫下來，否則心裡就會覺得不舒坦。於是，我便磨墨攤紙，準備來個長篇大論，也許可以和荀子媲美一番呢！

「朱兄啊！你這是在做什麼？我都快急死了，你還在磨

墨？」劉子杭又像風一樣吹進屋裡來。

我鎮定的說：「我還得寫篇作文呢！你先下山去吧！不要耽誤了你看萬歲爺的時間，我寫文章還要不少時間，怕你等得心急。」

「哎！你這個書呆子，早知道就不要等你半天了。」劉子杭踩著腳衝出房門，一個人跑下山去了。

整個南都學舍的人都走光了，我在一片靜寂的環境中文思泉湧，一氣呵成，不久就寫好一篇文章。我把自己的文章再三吟詠，覺得說理雖然清晰，但是文中贅字太多，唸起來不順口，我又邊吟詠邊修改，好不容易把文章修得自己滿意了，卻又發現紙張已被塗改得亂七八糟，我只好提筆再重謄一次。這樣折騰下來，時間又耗去不少。當我滿意的望著自己新謄的作文時，才猛

然想起下山看皇帝這一回事。於是，我拔腿就往山下奔去。

沿途一片靜寂，山路上連鳥兒都不見蹤影，當我氣喘吁吁跑到大馬路上，卻看到萬頭攢動的人群正慢慢像流水一般往四面八方散去。

「萬歲爺呢？他來了沒？」我急忙問路人。

「車陣剛剛才過去，真是威風啊！」路人回答。

「啊？萬歲爺已經過去了？」我真的不敢相信這個事實，然而流動散去的人群卻說明了一切。

「你發什麼呆？」我的肩膀被人家從後頭拍了一下，我轉頭看見劉子杭和幾個同窗一起笑瞇瞇的站在自己後頭。

「朱兄，你來晚了，萬歲爺剛過去呢！」劉子杭說。

「哎呀！朱兄，你真是頑固，書晚一點背有何妨？荀子是

死去的人了，他的文章永遠在書裡，跑都跑不掉，而萬歲爺可是活人一個，他哪會等你背完《荀子》，寫完文章呢？」一位同學說。

另一個同學則喜孜孜的對著大家說：「你們知道嗎？剛才我對著聖上搖手，他也對我揮手呢！看來，我明年進京考試有望了，一定是御筆欽點的狀元。」

這個狀元夢想者的身旁另有一個同學，他也不甘示弱的說：「我才是明年的狀元！剛才皇帝的馬車經過時，我高喊『吾皇萬歲萬萬歲！』他微笑著對我點頭。我感覺，自己已經沾染到了天子的福氣，明年考試鐵定會交上好運。」

大家聽了哈哈大笑。你一言我一語，嘻嘻哈哈的往上山的路走去。

我聽在心裡卻十分不是滋

味，我就不相信不讀書只憑萬歲爺的招手、微笑，就可以考上狀元。我還是要努力讀自己的書，充實自己的實力。只要學問好，能力強，以後要見萬歲爺的機會一定多得是。

我決定要比以前更努力，更加把握時間。

7

劉子杭

　　時間過得真快，想不到在南都學舍一晃眼就是五年過去，進京趕考的日子就快到了。

　　適逢戚同文老師的生日，為了感謝老師這些年來的教導，我提議為老師籌備一個慶生會，每個同學都準備一份謝師禮送給老師，表達我們心中的謝意，同時也表演一些餘興節目讓老師樂一樂。這個提議很快就得到全體同學的贊同，於是，我們就在背地裡偷偷進行慶生會的籌劃活動。

　　朱說家境窮困，靠著冷粥過日子，哪來的餘力為老師準備禮物呢？雖然他嘴裡不反對這個謝師慶生會，可是我猜想他心裡一定為謝師禮在發愁。想問他需不需要幫忙，又怕傷了他的自尊心。忍了幾天，一直都沒有見到

朱說有任何動靜，憋不住，我只好開口問：「朱兄，你打算送老師什麼禮物？儘管告訴我，我幫你去採買。」

原本我很擔心他會滿臉通紅下不了臺，或是勃然大怒，沒想到朱說微笑著回答我：「不勞劉賢弟費心，我已經準備好謝師禮了。」

看到朱說胸有成竹的模樣，我感到很疑惑，心想朱說獨自一人住在學舍，既無奴僕可以使喚，親人也遠在北方，而且從來不見他下山去，哪來的分身去買禮物呢？但是我知道朱說的自尊心極強，不敢表示出我很擔心他準備不出禮物來，只好表面裝作鎮定，心裡卻為他急得半死。有時我在想，我發起這個謝師慶生會，會不會對自己最要好的朋友造成困擾？可是，事情已經做下去了，絕對沒有臨時喊停的餘

地，只好過一天算一天，靜觀變化了。

　　戚同文老師的生日終於來到了。我們一大早就布置好場地，準備好謝師禮，表演節目也暗地裡彩排了好幾次，真可謂是萬事俱備只欠東風。上課鐘聲響過，我們的「東風」準時踏進了勤月堂。

　　當戚同文老師踏進勤月堂的那一剎那，他愣住了。

　　望著講堂上那個金光閃閃的壽字，老師驚訝得張大嘴巴。我們看到老師這副神情也傻了，不知道接下來該說什麼才好。空氣似乎凝住了。久久，老師才回過神來，「轉眼大家就要上考場了，怎可為我作壽而耽誤了唸書，真是罪過！罪過！」

　　大家面面相覷，不知該如何回答老師的話。老師環視大家之後說:「趕快把書拿出來，你們不

要幫我作壽了，還是抓緊時間復習功課，為自己的前程努力最重要。」

同學們原本一頭熱，想要熱鬧一下，沒想到被潑了一頭冷水，大家瞠目結舌說不出話來。最後，大家的眼光集中在我這個發起人身上，我只好鼓起勇氣代表大家發言：「老師，俗話說，一日為師終身為父，我們在老師門下受教多年，得益匪淺，如今難得遇到老師六十大壽，而且我們也都要下山進京趕考了，很捨不得離開南都學舍，就藉此機會大家輕鬆聚聚，一來為老師祝壽，再來就當作是同窗話別吧！」

「老師，請不要拒絕我們的心意嘛！」大家七嘴八舌的幫腔，一時之間，勤月堂滿是急切的聲音。

「老師，讓大家藉機話話別嘛！」

「老師，您的大恩大德我們不藉此機會表示謝意，更待何時？」

在大家的集體請求之下，老師的態度軟化了！

「好吧！既然大家如此熱情，我也不好再堅持己見。」戚同文老師勉強答應了我們的請求。

「祝賀恩師『福如東海，壽比南山。』」我們很有默契的一起跪下，對著老師磕了三次頭，完全依照昨天練習的步驟。

「大家起來！快起來！謝謝大家的祝賀。」老師的眼眶盈滿激動的淚水，他一邊伸手扶大家，一邊頻頻抽空拭著歡喜的淚水。

大夥兒站起來後，自動排成一列縱隊，一一奉上個人的壽禮，並對老師畢恭畢敬的說些祝福的話。我是第一個帶頭獻禮的人，心裡很緊張，原本背好的話竟然完全忘光，只好在獻上布匹

時說些老實而沒趣的話：「恩師，這是學生的一點點心意，請恩師笑納。」

老師雙手接過，又去擦拭眼眶邊的淚水，「謝謝你，子杭。」

同學們有的送禮金，有的送名產小吃，有的送文具用品，老師邊感謝邊拭淚，情緒相當激動。

我奉上自己的禮物之後，繞到隊伍後頭，看到朱說空手排在隊伍裡，我心裡替他感到緊張，趕緊從腰中掏出一錠事先準備好的銀兩遞給朱說，「朱兄，這個你拿著，待會兒好當壽禮。」

朱說婉拒了，小聲對我說：「我有準備，不勞賢弟費心。快收起來吧！」

朱說轉頭又往隊伍前面邁進了一步，我只好眼睜睜的看著他依序走到老師面前。朱說對老師鞠躬行禮之後，從袖裡掏出一副

對聯，呈給老師說：「我寫了一副對聯為恩師祝壽，請恩師笑納。」

老師聽到是朱說自己寫的對聯，眼睛閃閃發亮，伸手接過，立刻展開對聯，大聲誦讀出來。

老師一吟誦完畢，大家不約而同紛紛拍手叫好。

老師看著對聯一遍又一遍的吟誦，高興得兩手發抖，口裡直說：「真是出神入化的絕妙對聯！快！快把這副對聯掛在勤月堂的正前方。」

朱說的賀禮得到老師的歡心，他情不自禁的露出快樂的笑容，我們也紛紛鼓掌喝采，勤月堂上一片歡欣熱鬧。

看到大家開心的模樣，我這個策劃人最高興了。從老師對朱說的對聯讚許的程度看來，他這次進京一定會金榜題名，哎！我得向朱說看齊，加油用功一點才行了。

8 朱說

　　大考的日子近了，南都學舍的同學們都下山進京趕考。劉子杭說要和我同行，兩人路上也好有個照應，這個提議正合我意。

　　最近天氣不好，經常下雪，趕起路來倍覺辛苦，下雪的時候，鞋子陷在雪堆裡，一陣陣冰寒直透腳底，整個腳板僵硬沒有感覺，彷彿不是自己的腳。雪融的時候，氣溫下降，穿再多的衣服都覺得不夠暖，幸好一路上有劉賢弟和我彼此互相勉勵，倒也不覺太苦悶。

　　這一天，雪停了，但是地上的積雪未消。我們兩人走在白茫茫的雪原中，朝著前方不遠處的酒店走去，沿途留下蜿蜒的兩排腳印，深深的刻印在白絨似的雪地裡。

我們來到了叉路口，路口有一棟豪華莊園，一看即知是個闊綽富裕的人家。莊園門口圍著一群人，對著門旁柱子上懸掛的燈籠指指點點，簷下栓著一匹棕色晶亮的駿馬。

「雪地裡為何如此熱鬧？」我心裡暗自在想，劉賢弟也頗感好奇，走過去詢問路人，原來是李員外家舉行射繡球招親。

「朱兄，你平日除了讀書之外，還練武學習射箭，現在表現的機會來了，要不要試試身手，也許可以贏得美人歸呢！」劉賢弟鼓勵我。

我有些心動，想想自己年紀差不多該成家了，但是一想到目前連自己養活自己都有些困難，要如何照顧一個家呢？一時也不好意思說要試射。

「就試試看吧！即使射不中也沒什麼損失，當作好玩罷了。」

劉賢弟好像知曉我的心意，再一次鼓勵我。

就在我猶豫不決的時候，不知打哪兒走出一個高大英挺的青年，他一身黑衣黑頭巾，跨上馬背去，一提馬韁，吆喝一聲，馬兒噠噠往前跑去，黑衫青年駕著馬兒前行十餘公尺，回身拉弓一放箭，「咻！」的一聲，原本在風中飄盪的繡球，立刻被死死釘在木椿上。

驀地，周遭響起一陣鼓掌叫好聲。「等了三個月，終於出現神射手了。」

李員外府中立刻派出僕役請黑衣青年進府，接受第二階段的對聯考試，只要他做出的對聯讓李小姐滿意的話，他就是李員外的乘龍快婿了。

望著黑衣青年走進紅色的李府大門之後，我突然發現心裡有股酸酸的感覺，真後悔自己一個

猶豫，竟然錯失結下好姻緣的機會。哎！真是讓人捶心肝啊！

「早知道我就──早知道我就──」我心裡有說不出的懊惱。

「千金難買早知道！」劉賢弟在一旁接腔，我聽得出他話裡失望的情緒。

被他這麼一唸，我更氣自己了。「以後如果有任何機會送上門來，我一定要好好把握住。」

「咿呀──」大門突然打開來了。黑衫青年怒氣沖沖的走出來，眾人立刻蜂擁而上，紛紛好奇問著：「考得怎麼樣？」

「出那什麼鬼題目？就是玉皇大帝下凡也答不上來。」黑衫青年說完，頭也不回的往路的盡頭走去。眾人聽了紛紛發出「哎！」的失望聲。

這時，我突然全身湧起一股勇氣，走向那匹拴住的棕色駿

馬，一躍而上，馬韁一提，雙腳一夾，棕馬邁開腳步快速往前奔去。原先意興闌珊準備離去的人們，聽到噠噠的馬蹄聲，紛紛停住腳步，循聲回頭。

在眾目睽睽之下，我騎馬往門柱下的紅繡球奔去，呼呼的風聲在我耳畔響起，我緊張得呼吸都快停止了，當我瞄準之後，拉滿弓一放，「咻！」的一聲，箭鏃紮紮實實的射在紅繡球上。

「好身手！好身手！」鄉民用力拍手叫好，他們的聲音昂揚洪亮，這應該是我這輩子第一次受到這麼熱烈的讚美和肯定了。坐在馬上，頓時有股輕飄飄的感覺。就在此時，一個男人的聲音在馬下響起：「恭喜公子射中繡球，請下馬進屋接受第二階段的對聯測試。」

9 李氏

　　已經整整三個月了，父親的繡球招親一直沒有成功，真不知要等到何年何月，有緣人才會出現？

　　方才進來那個黑衫男子，英氣逼人，一看便知是練武之人，我心裡一陣歡喜，以為他就是我等待多時的對象，沒想到竟是草包一個，打開考題，不認識半個字，連我們家看門的老王都還能認出題目裡的三兩個字呢！不認識字也就算了，如果態度謙虛有心學習，憑我們李家的財富，要培育一個女婿成材應該也不是難事，問題是，他把試題紙揉成一團，隨手扔在地上，罵著走出大門：「故意為難人嘛！老子不娶你們家的醜八怪了。」

　　我在簾後看到黑衫男子的背

53

影消失在門外，心裡真是五味雜陳，當初不願意順從爹的意思嫁給城南的黃公子，執意要公開徵求文武全才的對象，沒想到竟會落到被莽漢罵是「醜八怪」的地步。眼看著爹給我的一百天招親期限就要到了，為什麼理想的人兒不出現呢？難道老天爺真的是要我嫁給城南那個花花公子黃少男嗎？

「啟稟老爺，方才又有一個書生射中繡球。」老王興奮的跑進大廳。

「快！快帶他進來。」爹的語氣也掩不住歡喜。

「是！」老王轉身跑出去，很快的就帶了個一臉俊秀的青年進來。

一看到這個渾身充滿書卷氣的青年，我有個預感，他是我等待許久的如意郎君。

青年報上姓名朱說，然後接

過爹手中的考卷，出聲吟詠我親自出的考題：「玉帝行兵風槍雨箭雷旗閃鼓天作證。下聯務必嵌進『燈』字。」

青年看完便把紙張抓在手掌裡，雙手交疊背後，皺著眉頭踱步思考。時間滴答滴答的過去，看著他苦思的樣子，我好緊張，如果自己出的考題太難，讓這麼一個人品出眾的青年知難而退，我豈不終身遺憾？

這麼想時，只見青年的苦臉轉成笑臉，口中唸唸有詞，朝著桌子走去，拿起筆就寫：「龍王設宴月燭星燈山食海酒地為媒。」

「妙呀！好對子。」爹吟詠再三，擊掌稱好，「不過，要嫁的人是小女，我得徵詢女兒的意見。」

爹穿過簾子，問我：「你覺得下聯對得如何？」

我心裡十分興奮，但又不敢

表現出來，臉上一陣臊熱，只好點頭說：「全憑爹作主便是。」

「哈！哈！我明白了。」爹笑著走回客廳，高興的牽起青年的手說：「賢婿，恭喜你通過招親考試了。」

青年僵硬的臉部線條一下子就變柔和了：「多謝岳父大人，請受小婿朱說一拜。」

我在簾內，望著簾外的他，心裡不禁浮起一陣甜蜜。

招親考試之後，爹原本立即要為我們辦婚事的，但朱說進京趕考時間緊迫，便約定考完試金榜題名時便來娶親。

對於朱說，我有百分百的信心，相信他一定能夠成功歸來。在等待他考試放榜的這幾個月，我每天在家勤奮織布繡花做嫁妝。

果然，不久好消息傳來，朱說和同行的劉子杭兩人同時考中

進士。他被任命為廣德府司理參軍，負責處理司法刑獄的事務，而劉子杭則被任命為縣尉。

　　朱說在上任之前繞道我們家，爹歡天喜地的為我們辦了一場風風光光的婚禮。嫁雞隨雞，婚禮過後數日，我便隨著相公到廣德府報到。人說，官海浮沉多風險，半靠運勢半靠機巧，面對無法預知的未來，我一則以喜一則以憂。

10 朱說

　　自從上任廣德府的司理參軍之後，負責全府的案件調查與審判，面對堆積如山的訴訟案件，我戒慎恐懼，惟恐自己一個判案錯誤，就讓好人蒙冤或惡人逍遙法外，影響了一個家庭的幸福。

　　以前，我專心鑽研古代聖賢書，對於法律方面的書籍接觸不多，懂得更少，如今自己的筆可以要人死也可以救人活，更加不可不充實自己的法律知識。每天上班埋頭在案件卷宗之中，下了班回家也總是待在書房鑽研法律知識到深夜，每天讀累了，我就把臉浸在冰冷的水盆中，藉以提神，袪除惱人的瞌睡蟲。趕走了瞌睡蟲，我又可以再多讀幾個篇章。隔天早起看案，常能自案件中發現前夜書中所讀的道理，再

把理論和實際相比照，希望我這樣做能夠毋枉毋縱，不愧對所負使命。

廣德府的陳年疑案太多了，我就是不眠不休一天二十四小時也不夠用。令人生氣的是，通判王磊卻處處阻撓我辦案，表面上說舊案都沒問題，事情過去就讓它過去，要把握住眼前時光調查新案，及時逮捕惡人，以免民心不安。但是，我斷斷續續接觸到一些伸冤者，他們一個個忠厚老實卻含冤莫白，難道是──不行，我一定得調查個水落石出，即使得罪了長官，也要伸張正義，為民伸冤。

盡忠職守雖然坦蕩蕩，但我心裡對新婚的妻子卻有著深深的愧意，她初次離鄉想家，想多陪她聊天解悶，卻又總覺得時間不夠用，真是為難。望著她一日日憔悴的容顏，我想，她恐怕夜裡

也都沒有睡好吧！

　　罷了！公事優先，只好等以後再補償她了。

11

王　磊

　　俗話說初生之犢不畏虎，說得一點都沒錯。

　　這個新科進士朱說，一到任廣德府司理參軍就四處貼告示，人民有冤皆可擊鼓伸冤，新案舊案皆可受理。

　　這，這，這不是擺明了和我過不去嗎？當初受了些賄，收了銀兩、珠寶胡亂判案，如今，若一案一案被翻出來，那我的知州*烏紗帽不就飛了了？不行，我得盡全力去阻止他繼續辦案下去。

　　上回和他正面衝突之後，那小子竟然一狀告到知府大人那兒去，說我不肯他辦舊案，害我被知府大人刮了一頓鬍子，看來，

放大鏡

> ＊知州　宋代的官名，為一州之長。

　　對他用硬的不行，得換個方法才行，如果沒辦法叫他不辦案，那麼——只好叫他離開廣德府了。

　　不如我寫封信給在朝廷的恩師呂夷簡，說是朱說勤奮努力，辦案嚴謹，平反不少冤獄，得到上司的肯定，請聖上給他升官。廣德府沒有官缺，朱說一定就得調離了。

　　哈！哈！哈！這真是個以退為進的妙計，我得趕快給呂恩師寫信，過兩天，再想個辦法放朱說個長假，鼓勵他回北方去接母親南下同住，以盡人子孝心。等他長假回來，調任的聖旨差不多也到了，他即使想再翻我的舊案，恐怕也沒輒了。

　　哼！朱說，這回就便宜你了。若不是我不想弄得兩敗俱傷，害了自己的大好前途，像你這種一毛不拔的窮酸小官，想要得到聖旨升官，門兒都沒有。

12 朱說

千里迢迢把母親帶到廣德府，卻同時接到升官的聖旨。原來是我的勤奮辦案被萬歲爺知道了，萬歲爺下旨宣布，把我調升為集慶軍節度推官＊。雖然廣德府疑案甚多，但君命難違，我也只好收拾家當，攜家準時上任。不久，又再度接到聖旨，要我兼任泰州西溪鹽倉。看來，國家多事，人才不夠，我得加倍努力，以回報萬歲爺。

泰州西溪沿海地帶鹽田眾多，由老百姓負責採收鹽田，所得完全收歸國有。身兼兩職，我愈來愈忙碌，白天，忙著到鹽田和工人聯絡事情，到了晚上還要到各個裝鹽的倉庫巡守，以免珍貴的鹽被偷走。

這一天下午，在辦公室和泰

州知州、通判※等人開會的時
候，突然屋外傳來喧鬧吵雜的聲
音，似乎發生戰爭一般。不久，
一個下屬急急忙忙衝進來：「報告
大人，海邊決堤，海水倒灌，城
裡的老百姓紛紛往高地奔跑逃
命。」

　　知州大人和通判大人一聽，
嚇得面色死白，久久說不出話
來。救人如救火，不等兩位大人
下令，我立刻衝到街上，查看災
情。

　　來到街上，只見原本不很寬
闊的街道擠滿了東奔西跑的老百
姓，有人提著食物籃，有的人趕
著飼養的牛羊逃命，有的人抱著
襁褓中的嬰孩跌跌撞撞，人人爭
先恐後，反而使道路不通，有些

※節度推官　知州的助手。
※通判　宋代官名，由朝廷直接派遣到各州，有權和知州共同處理
州裡大小事務，並有權監督知州，直接回報朝廷，又稱「監州」。

年幼的孩子不慎跌倒，便被後面趕上來的人踏在腳下，當場痛哭哀嚎。

我看了十分不忍，爬到路邊的大石頭上，用手撮嘴一吹，「嗶——」的一聲又響又亮。

喧鬧的聲音突然停止。我就利用這個空檔趕快宣布：「大家不要慌，我是這裡的鹽倉，現在大家聽我的口令行動。」我說完，指著兩個年輕人說：「你們將地上的老人扶起來靠邊走。」

大家依言讓出一條通路。

「現在壯漢不要動，讓老人婦女小孩先走。」

於是，街道上只剩下不到一半的人了。最後，我再大聲說：「壯丁和牛羊一起出發。海水由東邊灌進來，大家就往西邊的山上逃去。」

街道上擁擠的人群立刻井然有序的逃離。這時，知州大人已

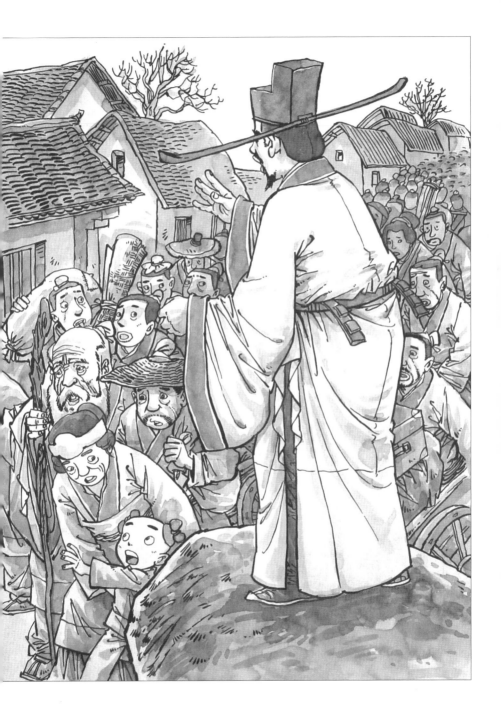

經趕到現場，看到逃難的人群疏散開來了，忍不住激動的說：「朱大人，你真是我們泰州老百姓的救星。」

被知州大人這麼一誇，我心裡不好意思，卻不知該說什麼，只好說：「這是我分內的工作，大人，我到海邊去看看海堤倒塌的情形。」

說完客套話，我就急忙的離開街道前往海邊，人家都講說話容易做事難，對我而言卻是做事容易說話難，還真是辜負了繼父為我取「朱說」這個名字。

到了海邊，只見海邊人家的房子全被海水沖毀，剩下幾許斷垣殘壁，和一些溺斃的家畜脹著身子漂流在水中。

望著一片汪洋破敗的海邊村落，我內心百感交集，沒有海堤，海邊的人民生活就如在虎口一般。我決定要上書萬歲爺，建

議朝廷在海邊修海堤。

　　那天晚上，我久久不能成眠，想起自己當初發誓金榜題名時，就要認祖歸宗，卻因忙於公務而忘了這件事，如今，既然決定上書萬歲爺修海堤的事，就順便提自己認祖歸宗改名的事。我該為自己取什麼名字呢？想了一個晚上，終於想到了一個名字：范仲淹。藉此勉勵自己：一定要做好防洪工作，絕對不能讓海邊居民再受淹水之苦。

　　我愈想愈興奮，連夜寫奏章對萬歲爺說明更姓改名及修堤兩件事。

　　過了兩個多月，得到聖旨照准更名的通知。但是對於重修海堤之事，卻只有兩個字的回音：「再議。」

13

劉太后

自從真宗皇帝因病辭世，由年僅十二歲的仁宗接掌天下，我便只好垂簾聽政，幫忙處理政事，以免朝中大臣欺負皇帝年幼無知，奪去了趙家江山。

這些年來，我將全副心力放在朝政上，全無心力去處理地方事務。如今，政權已漸穩固，方才有心力去看顧天下老百姓的事務，卻從四面八方傳來水災的消息。

據地方官上報：大水從邵武、建州蔓延開來，一直淹到了淮南、河北各地。京城開封也淹水高達三尺深，房屋倒塌，橋梁沖走，路基流失，到處都是汪洋一片。

讀著奏章，我和皇兒心裡又慌又亂，既無法親自出宮去視

察，一時又沒有防洪的方法，只好找來丞相共同商討解決的辦法。

據丞相王欽若報告：「京城東邊的陳留地勢低窪，又處在汴河的下游，只要把陳留一帶的堤防挖開，京師附近的水就會往低處流去，水患可解。」

花了大筆錢建造的堤防要挖開？我著實有點捨不得，然而，不這樣又能如何？思考半天，我只能無奈的點頭，「看來目前也只能先治標救水患了。記得挖堤防之前要先把百姓遷居安頓好才是。」

「遵旨。」王欽若領旨而去，立刻帶兵前往陳留挖堤防。

軍民把陳留一帶的堤防挖開後，不過幾天，大水果然退去。京師上上下下都鬆了一口氣。可是，各地官吏呈報而來的災情，愈來愈嚴重，尤其是泰州沿海一

帶特別慘重，真是令人憂心如焚。

這天，早朝時，丞相王欽若上奏：「微臣請求聖上派人治理泰州、通州、楚州一帶的海堤，否則東南沿海的老百姓每年都要被倒灌的海水沖倒房子，沖走糧食與親人，豐饒的農田被海水一灌，都無法種植生產，民不聊生！」

皇兒聽了覺得有理，就問：「治水是一定要的，但不知朝中大臣誰最適合去治水？」

「這──」王丞相一時也說不出適合的人選。

這時，坐在垂簾之後的我突然想起了多年之前的一個奏章，他為自己更名之事做說明，除了認祖歸宗之外，立志要為人民解決淹水困境，他的奏章令人印象深刻。我急著出聲：「丞相忘了，數年前曾有一個鹽倉范仲淹上奏

書，建議在泰州一帶修建防波堤。」

「范仲淹？啊！是有這麼一件事。」王丞相恍然大悟，「不如我把他的奏書拿來看看再說。」

那天退朝之後，王丞相找出范仲淹當年所寫的奏章和我討論。經過再三的閱讀，我覺得范仲淹所寫極有道理，當初他預言如果沒有修堤防，東南沿海可能遭遇的慘狀，如今果然一一成真。

我不禁驚訝的問：「這個范仲淹是什麼人？真有遠見。」

王丞相回答：「微臣已經調查清楚，范仲淹上此奏章時是泰州鹽倉，如今已調任通州興化縣令。他在先帝大中祥符八年（1015年）以第一名中進士，從政以來勤政愛民，頗獲好評。」

「哦——可惜只是個小縣令，否則可真是個修堤的好人

選。」我有感而發。

「太后有所不知，」王丞相稟告說：「這個修堤的工程牽連三州十幾縣，非得要一個有能力且意志堅定的人才能擔任，讓我來稟告一些范仲淹的小事給太后聽。」

「丞相請說。」

「據說這個范仲淹以前在南都學舍求學時，每天只吃兩頓冷稀飯，同學好心供應美食也從不接受，如此苦讀三年一考就考上進士。」

這樣一個有毅力又能忍受貧困的人，世上少有。我同意了王丞相的建議。「好，就派興化縣令范仲淹去修海堤吧！」

14 范仲淹

　　突然接到聖旨，被任命主持修海堤的大任，令我又驚又喜，多年前的建議終於被採納了。只要海堤修好，沿海的老百姓再也不必擔心受苦了。

　　我立刻著手規劃修堤的工作，首先，為了專心修堤，我先把家人全都搬遷到應天府，自己就在海邊的工寮住下，隨時監督工程的進行。

　　海岸線很長，修堤範圍跨越許多縣份，我考慮再三，最後決定把工程劃分為許多段落，分別交付各縣的縣令監督修建，特別困難的區域，我再另外招募工人親自監工。

　　籌備工作完成之後，挑了一個黃道吉日全面動工，十幾萬個工人開始修建海堤，老百姓個個

雀躍萬分，準備迎接幸福日子的到來。

身負重任的我總睡不好，每天天剛亮就起床，白天不是到海邊監督工人修建，就是到採石場探問。晚間，埋首燈下，鑽研建築工程的學問。日子一天天過去，海邊出現了一條巨龍似的堤防。我感到滿心安慰，海邊的老百姓也一個個展現笑容，大家終於可以安居樂業，不必再怕海水了。

這天，我來到通州檢視興建中的海堤，發現這一大段海堤只用沙土混合修建，非常的不穩固，令人十分生氣，我當場要工人全部敲掉重做。工頭竟然拒絕，回答說：「這是知州王磊大人交代的做法，他說這樣做省料省工省時，是最好的建法。如果范大人有意見請直接找王大人討論，我們再依兩位大人的協議來

做。」

又是王磊！沒辦法，我只好來到通州府拜見知州王磊。他的官位比我大，見到我總是皮笑肉不笑，此次見面也是那副嘴臉，「范大人百忙之中前來，真是稀客。」

我急著返回海邊工地，也不和王磊多客套，便直截了當的對王磊說：「王大人，我們大家一起修海堤是為了沿海老百姓的生活與安全著想。不是嗎？」

「是的。范大人說得對。」

「如果，海堤修得不穩固，一旦海潮漲了，洪水來了，人民的苦可就比沒修海堤更慘。」我單刀直入的指出。

「這我知道。」王磊的臉紅了。

「可是我今天巡視王大人所轄區域的海堤，都沒有依照規定施工，那些堤防被海水一沖都會

變成爛泥巴，能擋得住像千軍萬馬奔騰而來的海水嗎？你修建的堤防可以瞞得住聖上，瞞得住人民，可是能瞞得了海潮？瞞得了你的良心嗎？」

王磊作賊心虛，臉上一陣青一陣白，不說一句話。我看他的驚慌模樣，也不想把他逼到無路可走，「王大人，你自己看著辦吧！如果不重做的話，大海潮來了，你我就是有十個腦袋也不夠賠。」

我說完轉頭就走，丟下那個令人不齒的貪官。

三天後，突然下起傾盆大雨來。雨愈下愈大，落在地面的雨水來不及流入海裡，新的雨水又繼續落下來，整個地面被積水淹沒。

大雨一直下不停，我在破茅草屋裡坐立難安，外面在下大雨，茅屋裡在下小雨，我在屋裡

來來回回走著，一會兒坐在椅子上發呆，一會兒又趴在窗前望著汪洋一片的戶外。心裡不斷狂喊：「雨快停吧！雨快停吧！」

可是老天爺似乎沒有聽到我的心聲，雨仍然下個不停。

大雨一直下到傍晚才變小，我的心情這才稍微穩定下來。突然，屋外響起拍門的聲音，還夾雜著幾個工人著急的呼聲：「范大人，事情不好了，海潮漲起來了。」

擔心的事情果然發生了，我把門一開，跟著工人衝到海邊去視察。

大雨過後的海浪像頭失去理智的兇猛野獸，不斷對著岸邊怒吼，海水一陣一陣襲來，好像要把海堤拍裂拍碎，把海堤全部吞進肚子裡頭。

眾人站在堤上看著眼前的驚濤拍岸，一個個嚇得臉白手軟，

我心裡更是忐忑不安，不知道各地新修建的海堤，是否能夠擋得住眼前這樣瘋狂的海浪？

「嘩啦！嘩啦！」背後突然傳來轟然巨響，我轉頭，看到遠處的堤防浸泡在閃動的浪花底下，浪花好像隨時都可能朝著民房奔竄過去。

「不好了！不好了！通州南段的海堤被沖垮了。」有一個工人奔跑過來。

我一聽，整個人跌坐在地上，旁邊的人趕快把我扶起來。我的心神稍稍平復之後，才開始詢問詳情。

不久，又有一匹快馬前來。

「報告大人，不好了，北段的海堤被沖垮，許多工人被海浪捲走。」

「萬歲爺啊！」想到有負聖上所託，我眼前一黑，不省人事。

15

王　磊

真是冤家路窄。當年我花盡心思把朱說調離廣德府，沒想到幾年之後，他改名范仲淹主修海堤，我們又碰頭了。

放眼天下，哪一個當官的不是能撈就撈，能拿就拿？海堤修太堅固，一用幾十年，那我們這些當地方官的哪有新的油水可撈？靠那一點點公俸，豈不是要喝西北風了？這個范仲淹天生異類，自己故作清高，不撈油水也就罷了，竟然還敢犯上，譏笑我修的海堤是爛泥巴，簡直欺人太甚。我如果沒有給他一點顏色看看，他還以為我王磊是軟腳蝦。

真是老天有眼，要幫助我王磊。前幾天的大雨漲潮，沖垮了許多海堤，捲走了不少工人，再加上那天中午發生了少見的天狗

吃日，鬧得老百姓人心惶惶，我抓住這個天賜良機，派人四處傳播耳語：「范仲淹修建海堤與龍王作對，漲大水淹沒堤防，玉皇大帝也生氣了，派出天狗吃太陽，這是報應。」

這些耳語就像流風一樣，不知不覺之中流竄到各地，一傳十，十傳百，老百姓一個個驚慌不定，大家都擔心范仲淹再堅持修堤下去，更大的災難會臨頭。

聽說范仲淹向來吝嗇，捨不得吃好的穿好的，再加上日夜操勞，如今又遭受打擊，已經病倒多日不能下床行動。

哈！哈！哈！真是大快人心。范仲淹，你曾經害我擔憂害怕，吃不下睡不著，如今，我要你連本帶利加倍償還。

我得趕快寫封書信給恩師呂夷簡，就說范仲淹負責修堤偷工減料，把公帑全都私吞了，搞得

沿海地區天怒人怨，請朝廷一定要嚴懲瀆職的范仲淹。哈！哈！哈！范仲淹，看你又能奈我何？

16

呂夷簡

　　皇上和劉太后、王丞相看了我的奏章之後，決定派我下鄉去察看東南沿海的修堤狀況。第一站，我當然是到得意門生王磊那兒走走看看。

　　幾年不見，王磊愈加發福了，想來日子應該過得不錯。我們在喜紅樓飲酒敘舊時，王磊把范仲淹的罪狀說得一清二楚，幾個在座的官員也都附和王磊的說法，可見范仲淹主持修堤一定汙了不少油水，只可惜這些人只會用嘴說，沒有本事找到真憑實據讓我帶回朝廷呈報聖上，好定他一個罪。

　　看來，求人不如求己，還得我親自奔波蒐證才行。幸好王磊體貼，私下拿了幾錠銀兩供我旅途吃喝休息的花費，否則這趟下

鄉真是賠本了。

幾個地方小官和工頭陪著我一路往南走。

這幾天天氣很好，我們來到海邊。哎呀！眼前那些殘破傾倒的堤防工程，全是由砂土所建，縱使裡頭有石塊，也是單單薄薄的石片，怎麼會有力量抵擋海浪呢？我忍不住大罵。

「范大人也是這樣說，要王大人重做，王大人不同意。」工頭說。

「你說──這些都是王磊所蓋的堤防？」我不敢相信自己的耳朵。

同行的地方小官和工頭默默點頭。

這個王磊做事未免也太過分了點。我說不出話來了，只好默默帶頭往前走。

在沿海一連走了多天，看到的都是殘破不堪的堤防碎塊，這

一天，眼前出現一段完好穩固的堤防。

「真神奇，前面這段堤防竟然完好無缺，是這裡的風浪較小嗎？」我忍不住讚嘆起來。

「這段堤防是由范大人監工製造的。」陪伴的地方官說。

難道范仲淹會法術？我好奇的走到堤防前細看，發現裡頭巨石堆疊，沉重而且結實。

我心裡有數了。「不必再看下去，咱們轉往范仲淹住處。」

隨從們對轎夫交代一陣，我們就出發了。晒了幾天太陽，我覺得全身疲憊，眼一閉就睡著了。待我被隨從喊醒，出了轎子，發現自己被抬到一棟破敗的海邊茅屋。

「我要去找范仲淹，你們抬我來這兒做什麼？」我不高興的問。

「下官范仲淹拜見副丞相。」

一個黑瘦的中年人自人群中上前一步，對我打躬作揖。

這太令人不敢相信了，一個堂堂的海堤主監官，竟然住在破茅屋裡。

「下官正在研擬未來應如何繼續修建海堤的計畫，好呈報給朝廷。沒想到副丞相已經來到門外，未曾遠迎，失敬失敬。」

「走吧！咱們進去談。」我不耐煩這種沒有實質意義的客套話，一腳踏進茅屋。

茅屋裡只有一張床，一張桌子，還有一張椅子。看到房子裡頭簡陋的設備，我不由得對范仲淹升起一股敬意，便對范仲淹說明自己是皇帝派來調查堤防崩潰的狀況，並要范仲淹把重建堤防的計畫提出來。

「萬歲爺答應要再修堤？」范仲淹聽到皇帝有意續修海堤，眼睛一亮，精神立刻就來了，他拿

出施工設計圖，開始詳細說明自己的設計。

　　回到朝廷，我考慮了幾天，便把范仲淹的修堤計畫詳細報告給皇上和劉太后知道，但王磊那爛泥巴工程我隱瞞下來。朝廷鬆了一口氣，范仲淹並沒有像傳聞中貪汙，他的冤屈被洗刷了，東南沿海的堤防工程於是再度展開。

17

范仲淹

　　十萬個工人又同時聚集在海邊趕工。

　　這回，我得到了教訓，一開始就四處張貼告示：「凡是不按規定施工，或是偷工減料者，一定嚴格懲處，絕不容情。」同時，也親自組織了一批專業的督察人員，日夜接班的在各個工地巡視，絕對不容許任何一處的工地出差錯。

　　一些喜歡偷懶的工人，以及像王磊那樣有心要揩油的官吏，雖然都恨得牙癢癢的，卻也不敢以身試法，只好謹守本分，照著規定修建海堤。

　　很快的，東南海邊出現了一條長長的堤防，像銅牆鐵壁一樣捍衛著海邊的老百姓。

　　眼看著這個辛苦修建的沿海

工程就要完工了，我心裡頗感安慰，所有的辛苦，所有的委屈都值得了。

這天下午，我依然在海邊監督工人做一些善後工作，遠處有一匹馬快速馳近。馬兒跑到我面前停下，馬上的人原來是留在應天府的家僕。

「報告大人，老夫人因病辭世，這是夫人寫給您的家書。」

事出突然，我心中毫無準備，接過家書雙手抖個不停，一個個墨黑的字在眼前飛舞，只看到幾個斷斷續續的字：「婆婆生病許久，一直盼望能再見夫君一面……但夫君心繫修堤大事，不敢一日離開工地……，婆婆等不到兒子歸家，已於今日凌晨先走一步……。」

「母親大人呀！原諒孩兒不孝！」我忍不住跪地對天長嘯。但是，沒有母親慈祥的回音，只聽

見一陣陣海風在我耳畔罵著：「不孝！不孝！」

是的，我是不孝之人，夫人一再寫信催我回去探望老人家，但我卻一心想等堤防完工，老百姓的生活安定之後，再回去探望母親。沒想到──真是樹欲靜而風不止，子欲養而親不待。

捧著家書，我淚如雨下，對著天際再三跪拜。堤上的海風、浪濤也跟著我哭嚎。

18 李氏

　　夫君放下海堤的最後收尾工程，返鄉守喪，轉眼就三年了。

　　這些日子來，他總是鬱悶寡歡，沉浸在悔恨之中。他懊悔自己太狠心，婆婆在病榻上未曾親自服侍過她湯藥，就連婆婆病危想見他最後一面，也沒有讓她如願。

　　「枉費母親從小茹苦含辛養育我，我竟然讓她含恨而終，真是個不孝子啊！」夫君成天自責，吃不下也睡不好，整個人一圈一圈瘦下去，精神也愈來愈不濟，看得我焦慮萬分，卻是無能為力。心病，還得心藥醫啊！

　　夫君心情低落時，總坐在琴前，一遍一遍彈他心愛的「履霜曲」，邊彈邊唱邊落淚。聽的次數多了，我也能夠跟著哼幾句歌

詞：「冷月搖，飄紗雲飛，波上浮天遠。瓊露玉珠，一片瑞雪，殘夜屋梁懸。」

總要等到曲停歌罷淚乾時，夫君的情緒才能稍稍平穩。幸好有這架琴與他為伴，否則，真不知道他要如何熬下去。

這天下午，僕人送來一封信，是晏殊大人邀夫君前往府裡商談事情。

「晏大人找我討論什麼事呢？該不會是要和我討論防洪救災這些事吧？」手拿著信件，夫君的臉龐出現許久不見的陽光。

19 晏 殊

范仲淹果然如傳聞中的外柔內剛，書卷氣之外，渾身透發一股堅毅，在現世讀書人中，相當少見，這樣的人才留在家中三年，實在是國家的損失。

我們一見如故，對國家政事、教育人才有許多相同的看法，我對他提起自己有意興辦官學，想邀他幫忙，他一口就爽快答應，讓我倍覺振奮。他同時把自己居喪期間寫的〈上執政書〉帶來，說是打算上書丞相，問我意見如何，我看了〈上執政書〉後十分震撼，裡頭字字句句都像針一樣挑開官場腐敗的大膿包。范仲淹果然是個敢於直言，又有能力的人才啊！

我平時公務較雜，時間經常被切割，官學的教學工作大多委

託范仲淹來處理。范仲淹以已故戚同文老師辦理南都學舍的模式來經營官學，除了注重學識的傳授背誦之外，還十分注意生活的禮儀規範這類細節，並且以自身示範，還定期留宿在學校，徹夜陪伴學生討論文章學問，那種把學生當自己孩子教的熱情，得到應天府官學上上下下的敬佩。

這回，我被調回京城擔任樞密副使＊。

有一天，王丞相詢問大臣：「館閣＊缺一個祕閣校理＊的人才，不知大家有沒有適當的人選推薦？」

祕閣校理這個職務可以和朝中的一、二、三品大官們密切接

＊**樞密副使**　全國最高軍事機構為樞密院，樞密院的副長官為樞密副使。

＊**館閣**　又稱「翰林」。宰相、樞密使等文官都在此任職，宰相並監修國史。

＊**祕閣校理**　館閣中負責校對、治理典籍的官員。

觸，可以說是個重要的肥缺，大家紛紛提出自己親朋好友門生為人選，但王丞相似乎都不怎麼滿意。我也提出了一個人選:「范仲淹可以擔任這個職務。」

「范仲淹?」王丞相眼睛發亮，「你說的可是寫〈上執政書〉的范仲淹?」

「正是!」我點頭，便開始對著眾人介紹范仲淹，從他早年苦讀，講到防洪治水，及應天府辦學……眾人聽了無不點頭稱許，都認為范仲淹果然是最適合的人選。

只有新任丞相呂夷簡皺著眉說:「可是范仲淹目前守喪中，不宜出仕。」

「他三年守喪期已滿。」我趕緊搶著回答。

呂夷簡張嘴似乎還想再說什麼，但王丞相表示從〈上執政書〉可以看出范仲淹的才識，是

適合的人選，他決定呈請皇上頒發聖旨。呂夷簡初任丞相，為了表示對王丞相的敬重，也就不再反對了。

能為朝廷推薦一個優秀人才，我自己也覺得挺歡喜的。范仲淹從此對我自稱「門生」，讓痴長他幾歲的我有點兒不好意思呢！

20 劉太后

真是令人憤怒！一個小小的祕閣校理竟然膽大妄為，敢指責我垂簾聽政，逼我退位。真是活得不耐煩了！

今天早朝時，我原本歡歡喜喜的坐在金鑾殿後的簾內，心裡考慮著在生日宴會上，要穿那件粉紫色的緞袍好呢？還是橙紅色的襖袍好？

突然，我發現坐在龍椅上的皇兒臉白心跳，雙手發抖，我忍不住出聲了：「皇上，奏書中有問題嗎？給我看看。」

皇兒一反常態，不像平日那樣聽話，他坐著沒有動。我再說了一次：「把奏章給我看。」

皇兒只好把奏章遞給我，我拿起奏章，原來是新近進入朝廷的祕閣校理范仲淹的奏書，小小

一名官員的奏書會讓皇兒如此驚惶失措？我一方面好奇一方面大感失望，我教養出來的皇兒未免太沒見識了。

范仲淹到底寫些什麼呢？我仔細閱讀，一段俊秀挺逸的文字映入眼簾：「太后生日，天子應奉親於內宮，家人同慶。如今卻成朝廷大喜之事，百官同慶，實在不妥。自從先皇駕崩之後，聖上年幼即位，太后垂簾聽政至今，聖上已經成年，太后理應還政，不應再插手國政才是。請太后退位，還政於聖上……」

看到這裡，我已經血脈賁張，忍不住拍椅子扶手大罵：「小小范仲淹，才入朝幾天，竟敢插手皇家大事，滿紙胡言亂語，如此狂妄的人怎能留在朝中？立刻給我貶出京師，貶得愈遠愈好。」

朝中文武百官聽到我的聲音都嚇呆了。范仲淹這時兩眼睜得

老大，推舉他入朝的晏殊也一臉死灰，倒是新上任不久的呂丞相仍然面帶微笑，頗有大將之風。

我這招就叫「殺雞儆猴」，以後看還有哪一個朝臣敢胡言亂語，妄想趕我下臺，我就先把他掃地出門。

21

范仲淹

自從恩師推舉我入朝為官，我沒有一日不想盡忠圖報萬歲爺的恩典，沒想到卻得罪了劉太后，貶為河中府通判。

出發那天清晨，整個京城還在沉睡中，我們一家人冷冷清清的出城。出了城門不久，我遠遠看到路上一個人倚馬站在路中央，走近一看，是恩師晏殊。他也看到我們一家子了，下馬走來。

恩師熱淚盈眶說：「官場多險惡，你上任以後要多珍重，後會有期。」

我也是淚流滿面：「有愧恩師的栽培了。恩師的訓勉，門生不敢忘。只是怕牽連到恩師了。」

恩師沒說什麼，嘆口氣說：「去吧！到了記得捎個信兒報平

安。」

我們一家子繼續往前走，不敢回頭，怕回頭彼此都難受。

一轉眼，離京三年，劉太后駕崩之後，我突然接到聖旨回京師，擔任右司諫的職務，負責諍諫朝廷的工作。

原來，萬歲爺心裡一直是重視我的，以前是劉太后把持朝政，他不得不貶我出京，如今再次受到萬歲爺的肯定，我應更加盡忠職守，回報聖恩。

回到朝廷，晏恩師卻已被貶官陳州，我又發現丞相呂夷簡為了博取萬歲爺的歡心，從民間揀選了幾個美女進宮，讓萬歲爺耽溺在後宮享樂，朝政日漸荒廢，呂夷簡的權勢也愈加強大，真是令人憂心。

江淮、河北等地遭受旱災、蝗蟲等天災，各地報災求救的書信像冬日紛飛的雪片一樣飄進京

城，可是萬歲爺仍在後宮和美女喝酒享樂，並未上朝，王丞相三番兩次想要對皇帝報告災情，卻總是被皇帝身邊的侍衛長閻文應阻擋，呂夷簡也認為旱災、蟲災每年都有，不值得大驚小怪。

各地不斷傳出災情，急得王丞相如熱鍋上的螞蟻。

我也先後接到劉子杭賢弟從蔡州、晏恩師從陳州寫來的求救書信，拜託我提醒萬歲爺盡速派人下鄉賑災。

在和王丞相討論過各地災情之後，我決定不顧一切闖進宮中。

「范大人，請留步。」閻文應攔在我面前。

「我有事要啟奏萬歲爺。」

「聖上已經歇息，有事明天上朝再說。」

「上朝？萬歲爺已經多少日子沒上朝了！」我趁著閻文應不注

意，一把推開他，逕自闖進了內殿。

萬歲爺正和幾個美女飲酒尋歡，兩眼迷茫。我跑到前面跪下：「啟奏聖上，臣范仲淹有急事上奏。」

「范仲淹，誰讓你擅自進來？」萬歲爺把酒杯往地上擲去，大聲怒吼。

萬歲爺一甩手，陪伴著飲酒、歌舞作樂的美女們知趣的退下。

我鎮定的回答：「臣有急事上奏。」

殿上只剩下我和幾個侍從，萬歲爺彷彿從歌舞酒肉之鄉清醒過來了，他的口氣溫和了一些：「范愛卿，有什麼急事？」

我把握機會，一口氣把各地的災情告訴萬歲爺。萬歲爺聽了說：「這些事為什麼朕都不知道？」

「啟稟皇上，您久未上朝，

閣大人又不讓王丞相進入內宮面聖，所以——」我說著，看了站在一旁的閻文應，閻文應不安的抵著嘴，我繼續說:「自從陛下親臨朝政以後，勤政愛民，天下太平，可是近來陛下耽溺於後宮飲酒享樂，卻不知天下百姓身陷水深火熱之中，各地不時傳來災民餓死的消息，試問陛下，如果後宮數千人一天沒飯吃，會如何?」

「人不吃飯怎麼活下去?」萬歲爺的臉一陣青一陣白。

「可是，現在天下許多百姓已經很久無飯可吃了。饑寒起盜心，再拖下去，恐怕會天下大亂，危及社稷。」

萬歲爺當場傻了眼:「那該如何才好?」

「請陛下立刻開糧倉派官下鄉賑災。」

「好，范愛卿，你是朕的好幫手，就派你主持賑災工作。」

我愣了一下，只好領旨：「謝聖上。」

隔天，我帶著隨從下鄉。

到了江淮一帶，旱象嚴重，沿途樹木焦黃，野草乾枯，大路上不見人影。

我們一行人只好往小路走去，在一棟茅屋前頭，看到七、八個面黃肌瘦的老人和小孩圍成圈蹲在地上，不知在做些什麼。我們立刻下馬走上前去觀看，原來這些災民正蹲在一灘半乾半溼的爛泥巴旁挖掘，這時正好挖出一截草根和一條蚯蚓，大家歡呼起來，一人一小口分著吃蚯蚓，吃完蚯蚓，他們準備分食草根。那草根很眼熟，我立刻下馬跑過去把草根搶過來。

「你這個人好無賴，明明是我們拔出來的草，你怎麼可以搶過去？要吃不會自己去找嗎？」一群人紛紛兩眼冒火，撲過來想要

搶回草根。我在一旁看得十分難過，含著眼淚對大家宣布：「各位，我是萬歲爺派來賑災的官員，大家請到縣府領取官糧，不要再挖草根了。這草根有毒，吃了會拉肚子的。」

災民們聽了，一陣錯愕，大家你看我，我看你，直到隨從掏出身上的乾糧給他們暫時充饑，他們嚼著乾糧，才相信自己的耳朵沒有聽錯，高高興興往縣府走去。

在我們一行人的奔波之下，旱區災民們的生活暫時安定了下來。不久，上天終於降下甘霖，災情才徹底解決。

我回到朝廷之後，想到民間老百姓生活貧苦，而朝中大臣生活奢侈享樂，如此下去國家必定衰亂。於是，我上奏萬歲爺，要把自己帶回來的草根懸掛在金鑾殿，提醒文武百官要隨時注意民

間疾苦。萬歲爺答應了。

　　沒想到呂丞相作賊心虛，覺得我把草根懸掛在金鑾殿上是針對他來的，「啟奏聖上，臣以為在金鑾殿上掛草根實在不妥。這不是在諷刺聖上治國無方，讓民眾只好以草根維生嗎？」呂夷簡說。

　　「哦？這個朕倒沒想過。」萬歲爺說。

　　「呂丞相說得有道理，范仲淹這樣做，分明就是要讓天下人恥笑聖上。臣以為應當治他的罪。」呂夷簡的好友夏竦說。

　　萬歲爺聽了臉色大變。沉思一陣之後，說：「念在范卿賑災有功，就讓范卿功過相抵好了。金鑾殿上不要掛草根了。」

　　呂夷簡和夏竦雖然沒有達到陷害我的目的，但倒也破壞了萬歲爺對我的好印象。

　　遠在陳州的晏恩師聽到我差

點因懸掛草根而獲罪的消息，緊急寫了封信，提醒我謹言慎行，不要一再召禍。

我看了信感慨萬千：「身為右司諫卻不能勸諫，我要如何盡忠職守？真是愧對我所領的俸祿。如果不能做事，我又何必當官？」

可是夫人勸我要忍耐：「小不忍則亂大謀，你要先求自保，以後才能為人民做大事。」

也許他們說的都對，我是太急、太不夠沉穩了。但是，饑寒起盜心，民間老百姓的生活太苦，我擔心危及大宋王朝呀！

22 仁宗皇帝

　　呂夷簡和閻文應所說的話有道理，一般老百姓都有「不孝有三，無後為大」的觀念，更何況是貴為大宋皇朝的天子的我？郭皇后冊封多年卻沒有生育，如何對得起大宋皇朝列祖列宗？廢后，應是合理的事。

　　然而，聽到我要廢后，朝廷大臣個個震驚，人人都想勸阻，令我下不了臺。尤其是范仲淹，自以為身居右司諫之位，就應盡到監督勸諫的職責，令我感到不安。這幾日上朝，我都草草結束，快速離去，怕一耽擱就被范仲淹逮住，對於他，我真是又愛又怕。欣賞他的盡忠盡職，卻又害怕他那像利刀一樣的正直諫言。

　　今天的心情惡劣，面對一疊

奏摺，毫無精神批閱。還是回宮小睡一下好了。我站起身來伸伸懶腰，準備回寢宮。

侍衛緊急進殿，「皇上！皇上！范仲淹和一些諫官朝大殿來了。」

「不見！」我忙說。

侍衛出去了又回來：「他們說有極重要的大事要當面啟奏聖上。」

「我說不見就不見，把大門關上。」我大喝一聲，侍從只好又轉身走出，「匡啷」一聲把大門給關上。

「聖上，臣等有要事上奏。」門外傳來嘈雜的聲音，其中最大聲的就是范仲淹。

「聖上，皇后是一國之母，不可以廢后，廢了皇后國家遲早會大亂。」范仲淹的聲音伴著巨大的拍門聲，拍得我心慌，如坐針氈，額頭冒汗，走過來走過去，

不知如何是好。

　為什麼門外那些人明知我不想聽他們勸，他們還不識趣回去呢？雖然他們一個個忠心耿耿，但是他們的話總像針一樣刺得我頭皮發麻。比起呂夷簡、閻文應的貼心來，真是天壤之別。

　「皇上如果不想見那些人，我們可以悄悄從後門走，神不知鬼不覺。」閻文應說。

　笑話！我是天子，怎麼可以走後門呢？更何況這兒是我生活的皇宮。若我在皇宮中就怕臣子怕到這個地步，如何掌管天下？我用力瞪了閻文應一眼。

　閻文應慌了，自己掌嘴：「奴才該死！不應該亂講話。」

　門外拍門聲愈來愈急，呼叫聲也愈來愈大。我心念一轉，既然范仲淹他們沒有把我當天子尊敬，我又何必一定要堅持自己的身分做事呢？

「好，朕就從後門走。」

「皇上請隨我來。」閻文應及一班侍從立刻陪著我出發。

我們從後門離開大殿，繞進迴廊，才走三兩步，就聽到背後有人喊：「皇上從後門出來了！皇上在迴廊！」

我回頭一看，原來是國子監直講＊石介守在後門柱子邊。這時候，我想重回殿中已經來不及，只好繼續往後宮快步奔去。石介的聲音很快就引來范仲淹那批人，我的背後傳來他們的叫聲，我只好拔腿就跑。

閻文應抓著身旁的幾個侍從交代：「你們負責斷後，擋住那些大臣，不可以讓他們追到皇上，否則重罰一百大板。」

放大鏡

＊**國子監直講**　以經、術教授監生的老師，由才德兼修的中央官員擔任。國子監為國家培養人才的最高學府，也是國家最高的教育管理機構。

「皇上請三思，臣等有要事上奏。」「聖上，不可以廢后呀！」

侍從們阻斷了范仲淹等人前進，大臣們的叫聲慢慢遠了。

我回到了寢宮，第一件事就是派人把呂夷簡找來。呂夷簡一來便說：「范仲淹這一些人真是膽大包天，竟敢在皇宮追趕皇上，驚嚇龍體。今天如果不給予懲罰，將來不是要變本加屬，奪取大宋江山了嗎？」

我聽了心裡一驚，呂夷簡說的話極有道理，我為什麼沒有想到呢？「好！就如呂愛卿所言，全部給予懲罰，一律貶官。看他們以後還敢不敢膽大妄為？」

23

范仲淹

　　第二次被貶官，我的心情較前次貶官穩定許多。

　　來到蘇州之後，十分喜愛這兒的環境，想到家人隨自己四處遷調實在不是辦法，不如就在蘇州買地建屋定居下來。

　　一聽說我想買地蓋房子，許多地方人士都熱心介紹，只要有空，我就隨著介紹人和風水師父去看土地。

　　這天，我又到了一處風景秀麗的鄉下。風水師父帶著羅盤勘察之後，向我賀喜：「恭喜范大人，這兒的地形左青龍，右白虎，前有蘇州河通大海，後代子孫一定飛黃騰達，如果不是朝廷命官，也必定會賺大錢。」

　　我聽了內心歡喜，立刻買下這塊地，決定在上頭興辦官學。

「官學隨處可辦，風水寶地應該建屋居住，用來庇蔭後代子孫才是。」朋友不解的說。

「好風水應該與眾人分享，如果風水師父說的話是真的，蘇州官學的學生一定個個都能出頭天，這才有意義。如果風水師父說的話是假的，我要這塊地對我的後代子孫也沒什麼用處啊！」我對朋友說。

朋友仍不同意我的做法，直搖頭說：「浪費了一塊風水寶地。」

如果能讓蘇州人民生活過得好，我的子孫沒有成功，又有何妨？如果人民生活過得不好，只有我范仲淹一家人飛黃騰達，良心哪能安？

更何況，蘇州河氾濫多年，造成老百姓無數的傷亡及損失，我忙著到河畔監督陳年水患的整治，實在沒有太多精神去和朋友談自己的理想抱負。經過一年的

努力，我終於疏導了蘇州臨近的五條河流，人民不再生活在驚懼之中。看到蘇州城一天天呈現富足安樂的景象，心裡有著莫大的歡喜。

夜深人靜時分，自己獨坐書桌前，覺得凡事有失必有得，雖然被貶官離開京師，但反而能放手做一些對老百姓更有幫助的事，官小意義大，希望不會愧對我所領的每一毛的公俸。

24

呂夷簡

近來感到很鬱悶，范仲淹在蘇州政績優良又將調回朝中來了，兩年前被貶官路州知州的晏殊，最近也重回朝廷擔任樞密使。

看著范仲淹、歐陽脩、晏殊、石介等人在朝中將日益受到重視，我倍感威脅，如果再不想辦法，相位恐怕遲早不保。

夏竦想望已久的官位被晏殊占去，滿心怨恨的他，提出的計謀或許可行。他說得有理，那一群自認為是忠良大臣的人，以范仲淹最難對付，只要除掉他，他們就會陷入群龍無首的局面。既然貶官之後他還有本事再回朝廷，那我就乾脆——哈！哈！我就讓你范仲淹留在天國永遠回不來。

　　據夏竦的消息，范仲淹一行人明天午飯過後會從南門進城，進了城門之後是一條草徑，周遭綠陰蔽天，是藏身的好地方。好！就交代夏竦去挑個好身手的劍客埋伏在樹林裡，等他的轎子通過時，讓劍客去刺他一刀，教他一劍斃命。

　　行刺朝廷命官是個重罪，人多怕事機敗露，我得提醒夏竦提高警覺，找個高手去行刺，千萬不要出動一群人，以免人多嘴雜，打草驚蛇。

　　哼！只要范仲淹一除，朝廷那些對我不滿的聲音自然就不見了，看誰還能對我如何？

25

范仲淹

太令人震驚了，我才剛回京師就遇刺。難道開封的治安已敗壞到膽敢在光天化日之下謀殺朝廷命官的地步？還是我得罪了誰？阻擋了何人的財路或官運？

幸好有長子純祐的保護，否則，光靠那幾個功夫普通的侍衛，我哪能逃過蒙面人的襲擊？尤其我那時又正好在閉目午睡。可惜讓刺客跑了，抓不出背後真正的主謀。

回京城之後第一件事就是去拜見前兩個月剛回京城的晏恩師，幾年不見，想不到恩師已經滿頭白髮，一臉滄桑。

「幾次貶官奔波，我的身體也不行了，實在不像前些年那樣有體力去為國事衝撞。對於朝政改革，真是心灰意冷了。」恩師嘆

息說。

聽到我回程路上遇刺，晏恩師更是一陣唏噓。「范大人，我也要勸你一句，注意明哲保身，不要得罪小人，禍及家人。」

恩師關切之情令人感動，我又何嘗不想明哲保身呢？但是，眼見朝綱敗壞，民間受苦，我這個領公俸的人如何能夠心安？

我進京遇刺的消息震動京師，連萬歲爺都知道了。

「京師是大宋王朝的心臟地帶，絕對不允許混亂，否則祖先傳下來的千秋大業恐怕會不保。范愛卿，整頓京師這個重任就交給你了。」萬歲爺如此託付，身為臣子，只有領旨，雖然我明知這恐怕又是呂丞相搞的鬼。

京師住了許多皇親國戚及達官貴人，官家魚肉鄉民，橫行霸道的行為時有所聞。上不正，下則歪。一些地方上的平民，結識

了權貴，也倚著權勢欺凌弱勢百姓，開封地方治安的敗壞，由來已久，歷任知府均感頭痛，我一上任開封知府，就倍覺壓力，但是，既然任了職，就只能拼命向前，努力整頓治安。

我廣開衙門，重審舊案，一切秉公處理，不論皇親或國戚，完全依犯案輕重量刑。其間責打了呂丞相的外孫貪官陳司理參軍，也斬了京城第一惡霸──曹皇后的姪子曹大年。從此京城的社會治安轉好，再也沒有人敢在街頭鬧事，或是欺壓無辜的百姓，開封呈現一片國富民安的氣象。

但是，除了呂丞相這個宿仇，我又得罪了曹國舅和曹皇后，為自己樹立了新的敵人。

26

呂夷簡

　　想不到范仲淹果真能把開封府治理得井井有條，皇上龍心大悅，又把他召回朝中來了。我只好繼續想辦法，把他再貶到遠方去，免得他在朝廷裡聲望加倍，愈來愈受到皇上的重視。

　　正好我那體貼人意的學生王磊向朝廷上了一份奏書，彈劾路州知州劉子杭不顧當年麥子收成欠佳，不准老百姓以銀兩代替麥子繳稅，搞得路州地方的居民苦不堪言，無法生存下去，只好紛紛逃到他地謀生活。

　　劉子杭和范仲淹既然是同窗，向來感情深厚，派他去調查這件事，一定會有徇私開脫的情形，我到時只要抓住范仲淹徇私的證據，一定可以除去這根眼中釘。於是，我向皇上上奏，推薦

范仲淹去查案，皇上向來對我言聽計從，當場就批准。

一個月後，范仲淹帶著一疊罪狀回來了，不是劉子杭的，是我那寶貝門生王磊的。原來不是劉子杭逼得老百姓逃走，而是他的頂頭上司王磊向來手腳不乾淨，搜刮民脂民膏太嚴重，人民受不了紛紛搬遷逃離，他還膽敢誣告劉子杭。

范仲淹回朝奏了王磊一本，王磊馬上被罷官下獄。我這個身為他恩師的丞相，顏面盡失，和范仲淹的仇恨，又更深重一層了。

我的年歲已大，體力漸衰，鬥志也漸弱，也想就此和范仲淹和睦相處，沒想到他得寸進尺，我不惹他，他卻來惹我，又畫了一張「百官圖」呈給皇上，圖中明白書寫朝廷各個官員的作為與升遷官職，何人該升反降，何人

該降職卻反而升官，一一一明白書寫於圖中，暗中指控我賣官，使皇上對我產生懷疑。幸好我及時拉攏曹皇后，曹皇后因姪子曹大年被范仲淹斬首而懷恨在心，她藉這個機會狠狠在皇上面前說了范仲淹一堆的不是。讓皇上對范仲淹上「百官圖」的動機，起了疑念。

隔了幾天，皇上果然在金鑾殿上宣布，范仲淹貶為饒州知州。歐陽脩為范仲淹求情，皇上一怒，當場貶歐陽脩為宜陵縣令。

文武百官再也無人敢出列為范仲淹說情。

范仲淹想要趕走我，卻落得貶官的命運，真是大快我心。哈！哈！哈！

27

范仲淹

　　這是第三次貶官，離京的心情比前兩次更平靜，盡自己的本分而受到小人陷害，這也是無可奈何的事。我只求問心無愧，為國盡忠而遭到貶官的命運，我甘之如飴。

　　來到饒州，我努力扮演好地方官的角色，希望能夠讓饒州老百姓過著太平富足的生活。然而，當我的工作剛上軌道，聖旨又來了。

　　北方的西夏在元昊的帶領之下，一日日壯大，野心勃勃的想要侵奪我大宋國土，邊疆長期處在危險狀態之下，告急的書信不斷傳進京城，萬歲爺派夏竦為陝西經略安撫招討使＊，出兵鎮守陝西，韓琦、富弼和我三人為陝西經略安撫招討副使。接到聖旨

後，我迅速動身。

　　邊疆地方較危險，不宜帶著家人前去，我只帶長子純祐上任，一路上我們都在討論如何帶兵作戰，保住邊疆，同時，我也模擬各種戰爭的情況給純祐動腦，希望年輕的他日後有能力為國家做點事。

　　邊關民窮兵弱，毫無打仗的本錢，我認為應該先從整頓邊關的軍力做起，再談作戰。但夏竦急著建立功勞，一到邊疆就籌劃兵分五路，圍攻西夏。

　　「我們的士兵雖然不如西夏精壯，但是我們的人多，一個打一個也許打不過，如果十個打一個，那就未必會輸了。」夏竦是這樣打算的。

　　我不贊同夏竦倉促開戰的做

＊**經略安撫招討使**　宋代設於邊疆的軍事長官，掌管當地的軍事、行政事務。

法。「以我們目前的軍隊狀況來看，就是二十個士兵也未必能打贏一個西夏士兵，更何況每一個士兵背後都繫著一個家庭的幸福，我們不應該輕易犧牲每一個生命。」

我們兩人意見僵持不下，只好上書朝廷，請萬歲爺裁奪。

聖旨來了，萬歲爺沒有明白指示要攻或要守，只盼望我們兩人能同心捍衛邊疆，「視狀況而定戰略」。

「這意思是我們只好各做各的。各憑本事建立功勳。」夏竦這樣解讀萬歲爺的旨意，開始著手進行他的攻略西夏計畫。

我繼續忙著巡視整頓各地軍隊。

這天，我來到延州巡視，發現知州原來是一個老邁駝背、走起路來危危顫顫的老人家范雍，他如何能夠守得住這個重要的關

塞呢？

　　我當下決定上書萬歲爺，自願戍守延州。萬歲爺准了我的奏請。

　　《孫子兵法》說：「知己知彼，百戰百勝。」我上任延州知州第一件事就是進行閱兵，以瞭解延州的兵力狀況。

　　閱兵當天，只見塵土飛揚，人馬雜沓，兵士們卻是連隊伍都排不整齊，許多人找不到自己的位置。我站在司令臺上，等待許久，只見軍官們一個個急得面紅耳赤，士兵們卻似一群未經訓練的鴨子，東跑西竄，實在不像話。

　　「今天不閱兵了。」我發出怒吼，「一群鴨子上場，只有被人宰了燉薑母鴨的分兒，如何打仗？半個月後再重新閱兵，到時不合格的人，殺頭！」

　　臺下官兵聽了，一個個臉色

發白，全場鴉雀無聲。

　　半個月後第二次閱兵時，軍隊有了一點點的樣子，但距離上場打仗的標準，似乎還離得很遠。我一再復習《孫子兵法》，模擬各種戰略，再照表操課，每天親自上場練兵作戰。望著一天比一天整齊的軍隊陣容，心裡感到滿安慰的。可見天底下沒有什麼難事，只要下定決心去做，做的方法又對，遲早都會成功的。

　　西夏人生性剽悍，以目前敵強我弱的情況來看，只要敵方大軍壓境，長期圍攻之下，延州恐怕很難保全。唯一的方法，就是在延州城外的野地再築一道防守城牆才行，有了防守牆的緩衝，延州才不至於暴露在敵方長驅直入的威脅下。

　　我又想到，軍隊戍守邊關，糧食運輸不易，萬一補給中途出了問題，或是被敵人攔截，那延

州官兵就只能坐以待斃了。士兵們操練之外的時間，不是聚在一起賭博，就是坐在一起喝酒，不如教他們築牆與耕種作物，一來可以藉此整頓軍紀，再則可以增加倉庫裡的糧食儲存量，軍糧囤積得愈多，我們愈有本事和元昊的軍隊作戰。放眼望去，延州還有許多空地，與其空下來長野草，倒不如劃分成責任區，種些蔬菜，士兵們吃了也才健康。

　　我還想到，元昊的士兵人數多而且訓練精良，而延州只有士兵一萬多人，雖然堡壘已經修築完好，但是萬一對方傾盡全力來攻，延州恐怕還是保不住。幾次上書朝廷希望增派兵力，但新增的軍隊都被夏竦調去涇州，看來不需要再向朝廷要兵了，即使新兵增多，糧食需求量也會隨之增加，更何況練兵也是一件耗費時日的事情，倒不如就把延州城的

人民組訓起來，練習騎馬射箭，讓每一個延州城的人民都有能力捍衛自己的家園。軍民同心協力保護家園，還怕元昊領兵攻占延州嗎？

　　鎮守延州千頭萬緒，一件都拖不得，必須同時進行。練兵由我來，教兵種植交由副將滕子京負責，築城、教民騎射就由純祐來做，這孩子長大了，正好藉著這些機會磨練，以後才有能力報效大宋王朝。

28

元昊

南方的趙宋，地沃人稠，國家積弱不振，是塊肥肉。契丹遼國對他們發動戰爭，每打必贏，從此每年輕鬆得到趙宋乖乖奉上的豐厚贈禮，著實讓人眼紅。

好肉在眼前，哪一匹狼不會去咬一口呢？我建立了西夏王國之後，第一件事就是帶兵大舉南侵，搶奪趙宋這塊肥肉。趙宋的軍隊像盤散沙，守將也都是文官，我們的軍隊還沒到肅州，守將聽到消息就夾著尾巴逃走了。包圍延州數日，雖然因延州地勢險峻而沒有一舉成功，卻從未見過守將范雍露面應戰，據說都躲到廟裡拜神祈求平安了。

「延州已經是籠中鳥，甕中鱉，咱們又何必急著攻下來？不如先攻打他處，改天再出其不意

的攻過來，叫范雍來個措手不及，恐怕他還沒踏進廟門就被咱們逮住了。」軍師的意見極有道理，我們轉攻其他地方。

沒想到當我們的大軍再次回到延州，延州城外十多里的地方已新建城牆堡壘，多了一層阻隔，要攻陷延州更加不容易了。據密探來報，新任的守城將領也姓范，叫范仲淹。這個范仲淹和其他守將不同，雖然是文官，卻熟習戰略，擅長防禦工事，練兵尤其有一套。最令我們西夏族人受不了的，便是他明令禁止兩方的老百姓私下交易物品，這樣一來，我們西夏的物資立即短少，人民生活有了問題，國力、戰力頓時下降，要如何作戰下去？

士別三日刮目相看，如今延州民間處處可見騎馬射箭的人，老百姓的戰鬥能力並不輸軍隊士兵。延州上上下下，都是可戰、

能戰之人。接連幾次進襲延州，都敗北而回。軍隊流傳著這樣的密語：「小范老子腹中自有數萬甲兵，不比大范老子*可欺。」

看著日漸渙散的軍心，我心裡開始著急，如果再不打勝仗提振士氣，將來如何能打到開封，統掌趙宋的天下？

嘿！嘿！嘿！攻不進范仲淹的延州，不如我與他談和，再悄悄轉攻夏竦的涇州。

29

范仲淹

　　西夏吃了幾次敗仗，元昊派遣使者送來和談書信，表明願與大宋和平相處，互不侵犯，也希望我可以重新開放邊關人民的交流，讓老百姓互通有無，做生意營生。

　　讓老百姓回到正常的生活，正是我最大的願望，我同意西夏的要求，並簽下和平約定。西夏退兵後，我們也打開堡壘大門，讓兩邊的老百姓重新自由交易。

　　太平的生活，總感覺時間過得特別快，來到邊疆已經三年，轉眼間又到了秋天。

　　秋風颯颯的黃昏，滕子京陪著我登上城樓，望向城外川流不息的老百姓，如蟻群般聚集，又如水漬般散去，個個忙碌而喜悅，延州愈來愈繁榮了。

我想起了千里外的家人，不知他們的狀況如何？純仁的四書五經是否背熟？純禮的功夫進步多少？老么純粹大概已經換乳牙了吧？這個家多虧夫人照顧，如果沒有她，我今日豈能無牽無掛的在延州鎮守？微風吹過，黃葉紛紛落下，在空中舞動，然後慢慢落地，聚集在根部附近的土地上。落葉都能歸根，而我，卻只能在城樓上眺望塞外風光，暗暗傷心，不由得嘆了一口氣。

「想家了？」和我同年考上進士的滕子京，果然瞭解我。

「平民老百姓雖然忙忙碌碌過著平淡的生活，但到底能夠和自己的家人相聚。」我忍不住又嘆了口氣。

「邊關守兵也大都是離鄉背井，有愁說不出。大人何不把自己的心情寫下來，讓大家分享？」

「說得有理。」我點頭，交代

一旁的侍衛拿來文房四寶。

毛筆蘸滿了墨汁，我腦中文思泉湧，無限的情思緩緩從手中的毛筆流洩出來：

碧雲天　黃葉地
秋色連波　波上寒煙翠
山映斜陽天接水　芳草無情
更在斜陽外
黯鄉魂　追旅思
夜夜除非　好夢留人睡
明日樓高休獨倚
酒入愁腸　化作相思淚＊

放大鏡

＊這闋詞的意思是：碧澄的藍空下，黃葉落滿了大地；江上水波盪漾，飄動著迷迷濛濛的煙霧，秋天的氣氛已經瀰漫在大自然中了。

黃昏的時候，夕陽的餘暉映照著山色，遠處的河水和天空接成一片，芳草無邊無際，蔓延到斜陽之外更遠的地方。

在外征戰的我，總是因思念故鄉而輾轉反側睡不著，除非是每夜都作一個好夢，才能暫時忘記痛苦安睡到天明。

在月亮高掛的深夜，不能再獨自登高望月了，以免觸動心事。還是喝杯酒解解悶好了，沒想到喝下去的酒卻化成了眼淚，讓我愁上加愁，更加思念故鄉。

　　「好一闋〈蘇幕遮〉！」滕子
京接過紙去，再三吟詠讚嘆，
「范大人文才武略都出眾，真是
令人羨慕、敬佩。」

　　望著遠處連天的河水，在夕
陽下閃著碎金般的光芒，我心中
的惆悵滿溢，一句話都說不出
來。

30　韓琦

「軍中有一韓，西賊聞之心骨寒；軍中有一范，西賊聞之驚破膽。」窗外傳來兒童純真的歌聲，聽在耳裡真是舒暢。這一切，都該感謝范仲淹過人的治軍見識。

那年初到邊城，夏竦急著建立功勳，好早日班師回朝。眼看西夏不斷壯大，我寢食難安，擔心時間拖得愈久，大宋的軍力和西夏愈拉愈遠，那麼，要戰勝西夏恐怕就遙遙無期了。

但范仲淹的個性像石頭一樣硬，說不出兵挑動戰爭就不出兵，派去遊說的人一個個搖著頭回來，恨得我牙癢癢的，這樣拖下去，要等到何年何月的哪一天，我們才有凱旋而歸的時候？而范仲淹只是日日守城練兵，備

147

而不戰。

　　真的氣不過了，我採用激將法，寫一封信去罵范仲淹：「⋯⋯鼠般膽小，如何能懂南山猛虎的膽識？畏縮躲藏遲早難逃鷹爪的殘害，倒不如主動出擊⋯⋯」

　　他回信來了：「輕敵是兵敗的前兆，我不能為了私人的功勳浪費延州城的任何一個寶貴生命。西夏兵力不容低估，元昊也是個智勇雙全的首領⋯⋯」

　　「貪生怕死的傢伙，長他人志氣滅自己威風。」我一把將信揉成一團扔在地上。

　　過了幾日，元昊又來涇州城外叫陣。

　　夏竦和我率軍出兵和元昊作戰，才戰幾回，西夏兵敗全數撤退，我軍乘勝追擊，卻沒想到狡猾的元昊早已在山谷埋伏重兵，使大宋軍隊折損過半。戰敗的隊伍回到涇州城時，城裡老百姓哭

聲震天，騎在馬上的我無地自容，這時才覺悟到，范仲淹不輕言出兵才是真正愛民的智舉，只要開戰，難免造成無數破碎的家庭。

兵敗之後，我被降為秦州知州，夏竦貶為興州知州。我開始學習范仲淹練兵治民的方法，鞏固秦州，和延州合組邊防巡邏騎兵隊，定時巡守邊防各地的要塞，只要任何一個地方發現西夏軍隊的蹤影，便快速通告各地守將，共同合力擊退敵兵。西夏無機可趁，屢戰屢敗。

老百姓的眼睛雪亮，他們很感謝范仲淹與我，編出讚美的順口溜兒歌，四處傳唱，每次聽到街頭巷尾的歌聲，我的血液都在沸騰。

遠在京城的皇上得知我們不斷獲勝的消息，龍心大悅，送來不少獎金給大家，士兵們得到賞

金，練起兵來更起勁，打起仗來也更神勇。

　　能有這樣的戰績，都要感謝范仲淹。

31

范仲淹

　　可恨的元昊，得知夏竦向來帶兵無方，只會整天坐在城裡飲酒作樂，便不時帶兵襲擊興州，逼得夏竦無處可逃，還是韓琦派兵才解了興州之危。

　　元昊大勝夏竦之後，起了驕心，再次派使者傳書給我，片面毀了我們的和平約定，表明犯宋的野心。我讀了元昊來信十分震怒，當下決定要徹底解決西夏這個毒瘤。

　　環州、慶州散居羌人十幾萬，在山野間游牧農耕，能騎善射，但不懂作戰禦敵的方法，經常被西夏搶奪牛羊家畜，如果能夠拉攏羌人，我大宋的軍力便能大增。

　　於是，我們父子單槍匹馬來到羌人部落，與酋長談判，只要

羌人歸順大宋，宋軍不但負責羌人的安全，並且定時供應羌人所欠缺的物資。羌族長老們討論之後欣然同意歸順，於是我們在慶州、環州一帶又多了十幾萬的羌人兵力。

延州、慶州、環州、秦州……邊疆各個據點相連，組成了銅牆鐵壁的防守陣線之後，元昊每打必敗，屢戰屢敗，再加上西夏建國之後一直處在戰爭狀態，國力一天天衰弱，元昊久戰無功，心情鬱悶，已經積勞亡故，西北邊疆終於平靖下來。

萬歲爺知道西北平靖的消息，下聖旨召回我們幾個守將，夏竦、富弼接旨後回京了。伴君如伴虎，三次貶官的經驗讓我發現，真要做出對國家有幫助的事，還是得遠離朝廷的權力中心。我和韓琦決定繼續留在邊陲修築未完成的城牆。但是萬歲爺

的聖旨一道急於一道，催我們回去，第四道聖旨還是由我的好友國子監直講石介親自來宣讀。

「范大人，韓大人，再拖著不回朝廷，別說老夫的臉不好看，就是萬歲爺也難堪了。」石介語重心長的勸我們。

真的不想回京師，可是又不能不回京師，萬歲爺十萬火急的催著我們回去，他的葫蘆裡到底賣著什麼藥呢？

32 仁宗皇帝

　　范仲淹終於回來了，看他黝黑的臉龐，灰白的頭髮，可以知道西北邊關的氣候，與生活的艱難。

　　我已經在位二十多年，也到了三十多歲的壯年期，眼看國家日漸貧弱，雖然有心要把政事處理好，朝中大臣一個個過濾，卻只有范仲淹、歐陽脩、晏殊、富弼……等人可以重用，而丞相呂夷簡年紀老大，想法保守，是到了該讓他退休還鄉的時候了。

　　呂夷簡退休前奏請任命夏竦為樞密使，看在夏竦在西北邊疆多年的分上，我准了呂夷簡，同時任命韓琦、富弼為樞密副使。

　　想起范仲淹寫的〈上執政書〉，時間雖然已經過了十餘年，可是其中對於政治改革的論

點，如今讀來仍然字字句句都針砭入裡，十分受用。如果再加上這些年戍守邊關的經驗，范仲淹的能力必然更加可觀，可說是大宋皇朝的一個寶，豈可浪費不用？

「升范仲淹為參知政事※，和富弼一起主持新政的推行。」我在詔書上寫下苦思許久的人事命令。

我要范仲淹和富弼二人擬定新政的推行要項，詔告天下。范仲淹和富弼二人苦思數夜，針對大宋王朝「文官多、武將弱」的朝政弊病討論出洋洋灑灑十大要項。分別是：

(一)明黜陟：官吏考核，有功則升，有過則降。

放大鏡

※參知政事　宋代以資歷較淺的官員與宰相同議朝政，即為副相。

(二)抑僥倖：嚴加控制官吏貴族後代子孫承接祖蔭官位。

(三)精貢舉：國家考試舉才，不再只考詩詞歌賦，同時考治國對策。

(四)擇長官：嚴格選擇轉運使、縣官的人選。決不允許魚肉鄉民的貪官出現。

(五)均公田：在朝官員依等級均分公田，官吏務必簡廉。

(六)厚農桑：修築水利，振興農業，提高人民收入。

(七)修武備：招募士兵，給予訓練作戰能力。

(八)推恩信：廣修恩德，施政說到做到。

(九)重命令：各地法令由朝廷統一宣布，地方不得與中央相違。

(十)減徭役：人口較少的貧窮州縣，減少賦稅。

　　我求變心切，便以這十項內

容為改革目標，開始進行新政，要范仲淹即日起總理新政，富弼協助推行。

「啟稟聖上，事緩則圓，新政的改革腳步太快，恐怕會遭到阻力。」新任丞相晏殊個性較溫吞，潑我一桶冷水。

「啟稟萬歲，事情太突然了，微臣心裡有些不安。」歐陽脩也感到措手不及。

「事情一點都不突然，朕想改革已經想了十幾年了，人生還有幾個十幾年呢？范愛卿，你儘管放手去做，有朕做靠山，一切都沒問題。」我拍著胸脯說。

「謝萬歲。」范仲淹的眼眸放出燦亮的光芒，我知道我找對人主持新政了。

33 富弼

歷練豐富的岳父晏殊，從新政一開始就認為范仲淹和我兩人的改革書不妥，他認為如果真的照著改革書的十大計畫去做，朝中許多人恐怕官位不保。那些人會反撲出何等可怕的力量啊？

起初我內心的確不安，但是，皇上急著進行新政改革，願意支持到底，范仲淹也積極著手進行，我被鼓舞起士氣來，陪著他一起奮鬥。

新政一開始，朝中大臣果然開始紛擾不安，處處都有人聚集耳語，個個四處奔走打聽，請託說情，並不時有謠言傳出，說范仲淹和我兩人藉著新政改革打擊自己的敵人，公報私仇。

我們把朝中大臣的抗拒反應向皇上報告，皇上微笑著說：「可

見我朝積弊太深，才會一施行新政，就遭到眾臣的反對。范愛卿、富愛卿，就偏勞你們兩位了。」

「啟奏萬歲，」范仲淹充滿信心的說：「自古以來，改革難免都會遇到反對的力量，只要我們堅持到底，朝政改革一定會成功的。」

「范愛卿說得有理，朕也是這樣想的。」皇上捋著鬍子笑了。

有了他們兩人的打氣，我才放心一些。

這天深夜，范仲淹和我兩人加班討論地方行政官員的裁併及去留。

范仲淹針對各地轉運使送來的地方官員功過考核簿，勾畫不適任官員。

我想起老丈人晏殊丞相的話，不禁憂心忡忡的問范仲淹：「范大人，你勾了這些人的名

字，讓他們丟了官，會不會太殘忍了？他們到底也有家庭要養，丟了官日子如何過？」

「他們丟了官，一家人是會痛哭的。」范仲淹正義凜然的看著我，「可是，如果我一時感到不忍心，讓他們留下來繼續魚肉老百姓，將來不知有多少家庭要痛哭。」

「我是擔心，咱們罷了他們的官，會給自己招來麻煩。」

「既然要實行新政，就不能屈服於舊勢力，否則新政如何推行下去？豈不是辜負了萬歲爺對咱們的重託？」

我想想，范仲淹說的話也是有道理，兩人繼續挑燈夜戰，剔除貪官汙吏。

過了幾日，范仲淹接到檢舉呂夷簡當年賣官的密函。我認為呂夷簡雖然已經退位，但他的勢力還是很龐大，不宜輕舉妄動，

而范仲淹卻認為：「如果只拍蒼蠅而不打老虎，新政如何施行？」

「那該如何去做呢？」我問。

「一切依法辦理。」范仲淹說。

「大家都知道你當年三次貶官都和呂夷簡有關，你現在去翻他的賣官舊帳，會不會被別人認為你是在公報私仇呢？」

「既然推行新政就一切要從公處理，我不能因私人恩怨就——」范仲淹的話說不下去了。我想，他應該也和我一樣，感受到一股來自四面八方的莫名阻力吧！

34 夏竦

　　呂丞相在家中聽到范仲淹要查他當年賣官的舊案，心裡冒火，立刻把我請去討論對付范仲淹的方法。

　　「范仲淹這個傢伙，膽敢在太歲頭上動土，看樣子是活得不耐煩了。」呂丞相咬牙切齒的說。

　　「是呀！相爺。誰不知道當今滿朝文武都是靠您栽培出來的，范仲淹竟然想在老虎嘴邊拔毛，真的是活得不耐煩了。」

　　「沒關係！我有妙計對付他，你照著我的話去做就行了。」呂丞相把嘴巴附在我耳邊，輕聲說他的計畫。

　　我聽完呂丞相的計畫，忍不住對他豎起拇指，「果然薑是老的辣，還是相爺高明。」

　　「哈！哈！哈！否則我哪來

的本事當了十幾年宰相？」

返回朝廷以後，我依照呂丞相的指示行事，朝野很快就傳出范仲淹假借實行新政對呂夷簡進行報復的傳言，反對新政的字條海報也不時被發現。

到了約定的這天早上，已退休的呂丞相果然出現在金鑾殿上，他的後面跟著一群被罷的官吏，呂丞相拄著枴杖，由僕人扶著，危危顫顫走到皇上面前。皇上看到呂丞相嚇了一跳：「呂愛卿，你今天有什麼事嗎？」

「啟奏皇上，老臣認為，治理國家應該以安定為上，如今施行新政，動輒罷免朝廷命官，使得人人自危，人心動盪，社稷恐將不保。老臣十分憂心。」

「有如此嚴重嗎？」皇上皺著眉頭問。

「當然，皇上請看。」呂丞相掏出一張紙條，呈給皇上，「這

是老臣在殿外的大門旁發現的。」

「范仲淹剷除忠良，私結黨羽，圖謀天下，成功在望。」皇上看完紙條，臉色大變，但他沒有發怒，「范愛卿是個正直忠心的大臣，我不會相信別人的誣告。」

皇上退朝去了。

我看到皇上的臉色變化，知道計畫生效，接著進行下一個步驟，帶著模仿富弼筆跡的信，去晉見曹皇后。

35

仁宗皇帝

　　窗外的喜鵲不斷的在簷間歡唱跳躍，我的心卻沉淪在黑暗的深淵中，找不到飛離幽冥的路徑。

　　桌上的奏章疊得像小山高，全都是彈劾范仲淹與富弼心懷不軌，密謀天下的奏章。我的心裡十分驚疑。

　　范仲淹向來忠君愛國，幾番冒死上諫被貶官，又忠心戍守邊疆，我絕對相信他的操守，不會像這許多奏章所寫的密謀叛變。可是，為什麼會有那麼多的人要控訴他呢？我心裡飛進一個念頭，突然感到一陣寒冷，渾身打了陣哆嗦，「這些奏章之所以要陷害范仲淹和富弼兩人，目的就是阻止新政的推行。」

　　「國家積弱已深，難道大家

都過一天算一天，不想國富民強？」我心底湧起一陣悲哀，突然感到心灰意冷。

當我望著彈劾的奏章發呆時，沒有注意到皇后來到殿前。

「皇上，范仲淹和富弼二人野心勃勃，推行新政搞得朝廷上下不安，你不能再用這兩個人了。」皇后說。

「一切朕自有打算，皇后不要操心。」我說。

「叫我怎麼能夠不擔心呢？皇上，請看這封信就知道了。」皇后說著拿出一封信遞到我面前。

那是一封富弼寫給范仲淹的信，裡頭寫著新政只要能夠持續三年，則大宋的歷史就會改寫，「屆時，范兄可別忘了兄弟富弼共謀天下的苦勞，送個丞相之位或是封塊地……」

「又是一個守舊黨搞的鬼。」我一把甩了信。

「皇上，這是富大人的親筆信，絕對錯不了的，不信您拿出富大人的奏章來比對字跡。」皇后說著，從桌上翻找出富弼的奏章，「沒錯，皇上您看，這封信上面的字和這個奏章上的筆跡完全相同。」

我接過奏章和信，裡頭的筆跡真的一模一樣！

「皇上，范仲淹根本就沒有把我們皇室看在眼裡，以前他斬了我姪子，現在又要來搶我們的天下。」

「好了，別再說了。皇后回寢宮休息吧！朕還要批奏章。」我手一揮，皇后離開了。殿裡恢復一片靜寂，我的耳朵卻嗡嗡作響，頭痛欲裂，推動新政的決心一寸寸的瓦解。

36

范仲淹

　　萬歲爺病倒了，接連著三天沒有上朝。這是推行新政以來從沒有過的事情。會不會是他推行新政的信心開始動搖了？晏恩師、歐陽脩、富弼和我，我們都擔心極了。

　　又過了幾天，萬歲爺終於上朝，他的眼神恍惚，兩頰凹陷，絕口不提新政，萬歲爺的心裡到底在想些什麼？

　　這一夜，我心情煩亂徹夜無法入眠，有股欲望極想彈琴，回到書房，撫著琴，我彈唱起來。

　　我一遍遍彈唱著「履霜曲」，想到國家積弱已深，卻偏偏有一群貪官汙吏不顧國家前途，千方百計要阻撓新政的推行。看萬歲爺的神情，我知道他已經投降在守舊派的勢力之下，

眼看著國家即將失去一個富國強兵的機會，我忍不住流下擔憂的眼淚……背後突然傳來啜泣的聲音，我一驚回頭，看到夫人一臉愁容。

「夫人，對不起，吵醒妳了。妳嫁給我這一生，隨著我東奔西跑，真是委曲妳了。」我不捨的說。

「嫁雞隨雞，嫁狗隨狗。我甘願的。」

「只是如今──」我忍不住哽咽著，「我已經不能再留在朝中了。」

「你要去哪兒？」夫人睜大眼問。

「如今北方的契丹蠢蠢欲動，西北邊關需要人去鎮守，我想奏請皇上自願戍邊。」

「啊！」夫人呆了一下，「老爺您才從邊關回來沒幾年，又要到邊關去？」

「我留在朝中已做不了什麼大事，倒不如去鎮守邊關，照顧邊關老百姓，對國家的貢獻還大些。」

夫人知道我生性固執，也不再勸我，「既然這樣，老爺你就放心去吧！這個家有我照顧。」

「又要麻煩夫人了。」我想了一下，接著說：「純祐還是讓他跟著我去塞北磨練，純仁也長大了，這孩子聰明寬厚，我想讓他到蘇州吳縣去辦點事。」

夫人的眼裡盈滿了不捨的淚水，她點頭：「一切遵照老爺的吩咐。」

37

范純仁

　　父親和富大人自願戍邊，皇上一口就答應。他們離開京城之後，皇上宣布新政結束。曇花一現的慶曆新政（1043 年），只有一年的歷史。

　　父親一直忙於政事，從小到大雖然很少陪我們讀書寫字遊戲，但他做人做事的風格卻一直深烙在我們的心版上。

　　父親每天睡前都會反省自己一天所做所為，對國家人民的貢獻是不是符合他一天所領的公俸，如果覺得自己當天有愧公俸，就會睡得不安穩。

　　父親自己的生活節儉得近乎吝嗇，但卻十分樂善好施。父親在開封知府任內，派我把一船五百斛的麥子運回蘇州吳縣老家，救助家鄉貧苦的族人。我在途中

遇到一個落難的出外人，這個出外人死了親人無錢下葬，也沒有錢為兩個將嫁的女兒辦嫁妝，我把全部麥子送他辦喪事，把船讓他變賣為女兒辦嫁妝。回家後父親問我回鄉遇到哪些長輩？我告訴他遇到一個落難的出外人沒錢辦喪事，也沒錢辦喜事。

「你為什麼不把麥子全送他呢？」父親問。

我回答：「我就是把全部的麥子和船都送他了，才提早回家來。」

父親聽了非常高興，直說我辦事可靠。從此，只要父親存夠了錢，就會叫我運麥子回蘇州給老家的孤苦鄉親們一點溫飽。

這回，父親把平生的積蓄交給我，要我回老家去購買田地，再找一個可靠的族人管理田地，田地出租耕作的收入，作為救濟老家族人的費用。

　　「我遲早有一天會離開這個世界，但我希望自己能夠永遠照顧貧弱孤獨的族人，購置義田建立義莊、義學是唯一的方法。」父親交代我。

　　我回到這個父親只住到兩歲就離開的蘇州吳縣，受到當地族人的熱烈歡迎，大家聽到父親購置義田的想法，又聽到年邁的父親再度戍邊，一個個淚流滿面，那淚水混雜了感動、感激與感慨。

38 滕子京

　　范仲淹回到西北邊塞鎮守之後，勤練軍隊，整修邊塞，開放邊塞居民通商貿易。西夏與契丹見到范仲淹把邠州治理得井井有條，都不敢輕舉妄動，西北邊關人民生活也安定下來。

　　范仲淹五十七歲那年，以年老體衰之由請調回內地。皇上准奏，范仲淹一家人才得以團聚。不久，李夫人卻病逝。

　　我和范仲淹年輕時同年考上進士，在延州時也一起戍守邊關，兩人有著同窗、同事的情誼。范仲淹回到京師以後，我也離開延州，幾番遷調，來到岳州擔任知州。聽到李夫人去世的消息，我心裡十分感傷，便寫一封信去慰問他。寫完之後，突然回想起當年一同在邊關鎮守時，范

仲淹一時興起寫的〈漁家傲〉＊、〈蘇幕遮〉等絕妙好詞，心想，自己新近修建完工的岳陽樓，亭中梁柱、牆壁都刻有李白、杜甫、白居易、孟浩然等前人詠誦當時岳陽樓景觀的詩篇，如果重建好的岳陽樓也能夠得到一篇當代文人的寫景文章，不是更增添岳陽樓的氣氛嗎？於是，我又再寫一封信邀請范仲淹為新建的岳陽樓寫一篇紀念文章，並附上岳陽樓的建築圖，讓他作為寫作參考。

不久，范仲淹的回信來了，果真附上一篇〈岳陽樓記〉，我喜出望外，打開紙張，拜讀范仲淹的大作。

他的〈岳陽樓記〉一開始先寫自己作此文的原由，其中提到

放大鏡 ＊范仲淹戍守邊疆作〈漁家傲〉樂歌數曲，每首都以「塞上秋來風景異」開頭，藉蕭颯秋景敘述鎮守邊疆之苦。

我的名字，讓我倍感榮幸，迫不及待的讀下去。接著，他寫出岳陽樓的景觀。再來，寫岳陽樓所在的岳州交通位置。

寫著寫著，范仲淹應該是想起自己從政多年不斷貶官的遭遇，又想起和自己一同推行新政的歐陽脩、富弼、韓琦等人，如今也都被貶到各州，眾人雖然分處天下各地，卻都同心盼望，有朝一日能夠同返朝廷，為國家社稷繼續打拼。於是，他最後寫：

其必曰：「先天下之憂而憂，後天下之樂而樂」乎！噫！微斯人，吾誰與歸？

捧著范仲淹的〈岳陽樓記〉，我再三誦讀，深深被他這篇寫景、寫情、寫理想的佳文感動，想到我所重建的岳陽樓有了范仲淹這篇好文章的陪襯，必定

傳揚千古，立刻請來書法名家繕寫〈岳陽樓記〉，並請專人刻字，供往來旅客觀頌。

39 旅店老闆

　　我是蘇州吳縣人，出生不久，父母就染病去世。從小我就住在范仲淹所設的義莊裡，靠著千畝義田的收入，和義學的教育，才能夠長大成人。我不是一塊讀書的料，從小對作學問沒有興趣，只對數學、算錢、做生意有興趣。

　　長大後，我當了幾年的夥計，存了點錢，就在徐州郊外買了塊地，自己搭個茅屋，開一家簡陋的旅店。也許是因為我的旅店規模太小，外表太破舊，平日來住的客人並不多，倒是路過吃中飯的旅客多些。開這個旅館雖然無法賺大錢，但是我的心裡卻非常珍惜這分幸福，如果不是有范仲淹的義田制度，怎麼會有我的存在呢？恐怕早就凍死在路邊

了。

成家立業之後，一直很希望有機會去向我生命中的貴人范仲淹親口道謝，沒有他的義田制度，就沒有今天的我。可是前幾年聽族人說，范仲淹在邊塞守關，後來又聽說他調回內地來了，不過卻是長期在外奔波，要見到他簡直就是不可能的事。

我想，我只要秉持著善心做生意，有機會就盡量幫助他人，心裡就會洋溢著助人的快樂，彷彿自己和范仲淹靠得很近很近。

這天黃昏，幾個服裝陳舊的年輕人，攙扶著一個白髮蒼蒼的老人進店，點了幾個饅頭、醃菜和清湯，簡單吃完就要了幾間房間準備過夜。

這老人看起來極吝嗇，點菜時，幾個年輕人想點個肉吃，他卻阻止說：「路途還遠，一路都要吃住，還是省著點，叫盤饅頭配

個醃菜，隨意吃吃就好。」

他的晚輩也體貼聽話，完全依他的話點菜。

住宿時，老頭兒也是要住最便宜的房間，看他老人家一直咳，身子虛，我真不忍心讓他們去住那幾間便宜無門的房間，只好報最低的房價，讓不知情的他們住最好的房間。看著老人咳著躺到床上，我心裡十分不忍。轉身到廚房想溫壺開水給老人喝，不料水還沒煮開，房裡就傳來年輕人呼喊老人的哭聲。

我跑到老人住的房間，才知道他過世了。而剛過世的老人，竟然就是我日夜感恩思念的大恩人范仲淹。真是令人不敢相信，慷慨購置千畝義田的范仲淹竟然貧窮節儉到這般刻苦的狀況。

對著大恩人，我跪地拜了又拜，眼淚不斷奪眶而出⋯⋯

尾 聲

年底時節，洛陽的萬安山下，寒風淒緊。

范純祐走在前面，家人跟在後頭，更後面是范仲淹生前的好友晏殊、歐陽脩、富弼、韓琦……等人，大家都來送范仲淹最後一程。道路兩旁的落葉，漫天飄飛，空留一枝枝寂寞的梧桐枝幹，灰暗的冬日更增添幾分惆悵。

遵循著遷葬的禮儀，大家一個步驟一個步驟的進行，終於完成了范仲淹的後事。一代忠臣的屍骨安葬在河南洛陽的萬安山下。

歐陽脩望著范仲淹的墓，想起范仲淹生前的種種，彷彿他還活在眼前一般。「范兄──」歐陽脩難忍心中悲痛，一時百感交

集，便喚來隨身僕從準備文房四寶，提筆寫下洋洋灑灑的紀念碑文。

萬安山下，陪伴一生耿直的范仲淹的，就只有歐陽脩的碑文，和飄飛不盡的梧桐落葉……

范仲淹

小檔案

989 年　　生於徐州。

991 年　　父親范鏞不幸逝世，母親謝氏改嫁朱家，繼父為其取名朱
　　　　　說，於朱家長大成人。

1010 年　　至長白山醴泉寺自修讀書，後入南都學舍繼續研讀學問。

1015 年　　考中進士，被任命為廣德府司理參軍。這期間他將母親接
　　　　　來，贍養侍奉。

1021 年　　至泰州兼任西溪鹽倉，因見海堤年久失修，老百姓受海潮
　　　　　氾濫之苦，上書建議修堤，並奏請改名為范仲淹。

1024 年　　主持修堤工程。

1028 年　　海堤修建完成，解除泰州一帶潮水災害，保護農田和鹽場，
　　　　　由於此政績，范仲淹升任中央的祕閣校理，後因奏請太后
　　　　　還政於皇帝，被貶為河中府通判。

1033 年　　任右司諫。至江淮、河北等地救災。

1040 年　西夏進犯，宋仁宗召范仲淹入朝，命夏竦為陝西經略安撫
　　　　　招討使，范仲淹與韓琦、富弼為陝西經略安撫招討副使。

1043 年　宋夏局勢剛剛緩和，宋仁宗將范仲淹調回朝，升任參知政
　　　　　事，與樞密使富弼一同主持新政，史稱「慶曆新政」。

1045 年　宋仁宗因守舊派之壓力，急欲改革之心日漸動搖，後范仲
　　　　　淹和富弼自願鎮守邊關，二人離開京城之後，皇帝宣布新
　　　　　政結束。

1052 年　被調往潁州，至徐州時不幸病逝，享年六十四歲。

兒童文學叢書

第 1 次系列

生命不能重來，童年無法NG

提供孩子生活所需的智慧維他命，
與孩子共享生命中的成長初體驗！

兒童文學叢書

文學家系列

每一個文學家的一生，都充滿了傳奇……

「文學家系列」，

邀您進入文學大師的祕密花園！

榮獲第五屆
人文類小太陽獎

震撼舞臺的人
俄羅莎士比亞

愛跳舞的女文豪
珍‧奧斯汀的魅力

醜小鴨變天鵝
童話大師安徒生

怪異酷天才
偵探小說之父愛倫坡

尋夢的苦兒
狄更斯的黑暗與光明

俄羅斯的大橡樹
小說天才屠格涅夫

小小知更鳥
艾爾寇特與小婦人

哈雷彗星來了
馬克‧吐溫傳奇

解剖大偵探
柯南‧道爾vs.福爾摩斯

軟心腸的狼
命運坎坷的傑克‧倫敦

創意
MAKER

創意驚奇雲

飛越地平線，
在雲的另一端，

創意 ✗ 無限

撥開朵朵白雲，你會看見一道亮光……
是 **創意 MAKER** 的燈泡 **亮** 了！
跟著它們一起，向著光飛翔，由它們指引你未來的方向：

請跟著 **畢卡索、
艾雪、安迪·沃荷、手
塚治虫、鄧肯、凱迪克、布
列松、達利**，在各種藝術領
域上大展創意。

請跟著 **盛田昭夫、
7-Eleven創辦家族、大衛·
奧格威、密爾頓·赫爾希**，想像引
領創新企業的挑戰。

請跟著 **麥克沃特兄弟、
格林兄弟、法布爾**，將創思奇
想記錄下來，寫出你創意滿滿
的故事。

請跟著 **高第、樂高父子、
喬治·伊士曼、史蒂文生、李維·
史特勞斯**，體驗創意新設計的
樂趣。

本系列特色：

1. 精選東西方人物，一網打盡全球創意 MAKER。

2. 國內外得獎作者、繪者大集合，聯手打造創意故事。

3. 驚奇的情節，精美的插圖，加上高質感印刷，保證物超所

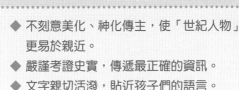

國家圖書館出版品預行編目資料

大愛行動家：范仲淹 / 姜子安著;杜曉西繪.－－初版
三刷.－－臺北市：三民，2017
面；　公分.－－(兒童文學叢書 / 世紀人物100)

ISBN 978–957–14–4556–4　(平裝)

1.(宋)范仲淹－傳記－通俗作品

782.8514　　　　　　　　　　　　　　　95015845

© 　大愛行動家：范仲淹

著 作 人	姜子安
主　　編	簡　宛
繪　　者	杜曉西
發 行 人	劉振強
著作財產權人	三民書局股份有限公司
發 行 所	三民書局股份有限公司
	地址　臺北市復興北路386號
	電話　(02)25006600
	郵撥帳號　0009998–5
門 市 部	(復北店)臺北市復興北路386號
	(重南店)臺北市重慶南路一段61號
出版日期	初版一刷　2007年1月
	初版三刷　2017年11月修正
編　　號	S 781310

行政院新聞局登記證局版臺業字第○二○○號

有著作權‧不准侵害

ISBN　978–957–14–4556–4　(平裝)